AF193485

Comenzar de nuevo

FRANCESCO COSENTINO

Comenzar de nuevo

Buenas palabras para nuestro tiempo

SAN PABLO

© SAN PABLO 2024 (Protasio Gómez, 11-15. 28027 Madrid)
Tel. 917 425 113
E-mail: secretaria.edit@sanpablo.es - www.sanpablo.es
© Edizioni San Paolo s.r.l., Cinisello Balsamo (Milán), 2023
www.edizionisanpaolo.it

Título original: *Ricominciare. Parole buone per il nostro tempo*
Traducido por: José Antonio Pérez, ssp

Distribución: SAN PABLO. División Comercial
Resina, 1. 28021 Madrid
Tel. 917 987 375
E-mail: ventas@sanpablo.es
ISBN: 978-84-285-7137-1
Depósito legal: M. 11.441-2024
Impreso en Artes Gráficas Gar.Vi. 28970 Humanes (Madrid)
Printed in Spain. Impreso en España

Todos los derechos reservados. Ninguna parte de esta obra puede ser reproducida, almacenada o transmitida en manera alguna ni por ningún medio sin permiso previo y por escrito del editor, salvo excepción prevista por la ley. La infracción de los derechos mencionados puede ser constitutiva de delito contra la Ley de propiedad intelectual (Art. 270 y siguientes del Código Penal). Si necesita fotocopiar o escanear algún fragmento de esta obra diríjase a CEDRO (Centro Español de Derechos Reprográficos – www.conlicencia.com).

Introducción

Los pescadores de Galilea habían soltado las amarras y abandonado las barcas. Era uno de los muchos días vividos en la monótona agonía de las horas y, sin embargo, las velas de sus vidas finalmente se habían desplegado y comenzaban realmente a hacerse a la mar. Lo dejaron todo y lo siguieron.

Nuestra vida comienza realmente cuando dejamos por fin de querer tenerla en nuestro puño y soltamos las amarras; cuando dejamos que la barca sea arrastrada por las olas hacia la belleza inmensa del mar, sin que el miedo a lo desconocido frene el deseo de viajar y la carga del sueño que llevamos dentro; cuando finalmente nos liberamos del ansia de tener que controlarlo siempre todo y de tener que encerrarlo todo en un esquema. Solo si estás libre de la cárcel de ti mismo, puedes irte de veras; y solo cuando te vas, dejando atrás tus redes enmarañadas en el deseo de dominio, solo entonces comienzas a vivir. Mientras insistimos en querer dominar la vida porque tenemos miedo de perderla, en realidad solo perdiéndola podemos vivirla realmente: esta enseñanza, no por azar, está en el corazón de la predicación de Jesús.

Pero ahora esos pescadores están de nuevo ante el mar. Si lo habían dejado todo siguiendo a un Nazareno que había pasado a orillas de su vida, ahora, después de que Jesús ha sido crucificado, se encuentran tristes y solos en una noche oscura que hace aún más misterioso el ruido de las aguas y que, de hecho, describe la oscuridad que llevan dentro. Llegados a este punto, el evangelio de Juan nos ofrece una pincelada brillante. Pedro dice: «Voy a pescar» (Jn 21,3). Y los demás del grupo se unen a él. Eran pescadores cuando Jesús había pasado por allí por primera vez y los había llamado; fascinados de su mirada, habían dejado las redes y habían esperado en él, comenzando una nueva vida tras las huellas del Maestro.

Ahora, que ha muerto en la cruz, ese sueño por el que lo habían dejado todo se ha desvanecido. En esa noche de desolación, desilusión y amargura, los tres años vividos con Jesús siguen siendo una hermosa historia para recordar, pero ahora hay que volver a la dura realidad de la vida cotidiana, a la vida de siempre. Y, por eso, simplemente dicen: vamos a pescar. Es decir, volvamos a la vida de antes. Fue hermoso mientras duró. Más aún, demasiado hermoso para ser verdad.

Es el sentimiento más extendido de nuestro tiempo y de nuestra época. Estamos perdidos, mientras avanzamos por los senderos de la incertidumbre. Caminamos sin saber a dónde ir, cruzando las sendas del crepúsculo y llorando por los tiempos que fueron, imaginando hermosos pasados que tal vez nunca existieron, pero que evocan en nosotros la esperanza de volver a encontrar antiguos resplandores. Procedemos con la cabeza gacha, lamentando nuestras pérdidas. Quedan en nuestras manos los segmentos rotos de una existencia ajetreada, veloz y complicada, en la que la aceleración de los ritmos cotidianos y el frenesí que consume las energías de nuestros días nos hacen vulnerables e irritables, extendiendo un velo de penumbra sobre nuestras percepciones y nuestros juicios. Siempre con escasa lucidez para centrarnos en lo que realmente somos. ¿Qué tipo de sociedad queremos construir? ¿Adónde queremos ir?

Más prisioneros de lo que somos, que orientados hacia lo que el Señor quiere que lleguemos a ser. Más inclinados a quejarnos, que intrépidos constructores de futuro para nuestras ciudades y para nuestro mundo. Acaso rendidos a la vida y sentados a abrazar nuestros fracasos. Derrotistas, resignados, desanimados, conscientes de que «nuestra generación está pasando por un desierto marcado por vastos acontecimientos, en parte muy dramáticos y en parte cotidianos y no menos agresivos. Un desierto en el que la gente está cansada, inquieta, agitada, desmotivada, neurótica, frustrada, desconcertada, porque no ve el sentido de la vida cotidiana y la vive con poco gusto y pocas ganas» (Carlo Maria Martini).

Esa noche, Jesús se manifiesta a sus discípulos y lo hace «al amanecer» (Jn 21,4). En el momento en que el Señor llega a nuestra vida, rompe siempre la oscuridad de la noche y el poder de la crónica diaria, a veces difícil y opresiva, que quisiera clavarnos al poste. Él viene a decretar el fin de todo sentimiento de derrota. Nos está esperando en la orilla, como lo hizo aquella noche con sus discípulos, amargados y decepcionados, y se presenta como siempre, con la cara de un amigo que pide algo para comer, es decir, que quiere compartir la vida con nosotros y, de esta manera, devolvernos el coraje para echar de nuevo las redes incluso después de una noche de pesca fallida.

Un Dios discreto, que se presenta esperando en la orilla, que no juzga nuestros fracasos, y no nos desanima por nuestros extravíos, sino que simplemente nos asegura que está ahí. Y en este estar cerca de nosotros, nos devuelve a la llama de la vida.

Esto es lo que necesitamos y para esto es la palabra de la fe: no solo para ayudarnos a descifrar el tiempo que vivimos, sino también para que recuperemos el coraje de volver a arriesgarnos, de afrontar nuestras desilusiones, de superar el sentimiento de derrota y de confusión que nos asalta. Este es el principal mensaje que Jesús entrega a nuestra vida y que la fe cristiana debe despertar en nosotros y en el corazón del mundo: *eres amado, siempre puedes volver a empezar.*

Somos un poco como aquellos discípulos, en la orilla, en la noche incierta, desorientados y confundidos. Todo parece haberse vaciado, junto con las redes que no han pescado nada. A veces nos parece que la vida, con sus altibajos, se ve arrastrada a una larga lista de derrotas. Frente a esta experiencia tenemos dos opciones: o nos encerramos en el resentimiento y seguimos siendo víctimas de la derrota, o consideramos también estas experiencias como parte integrante del viaje y, entonces, acogemos nuestras pérdidas, aprendemos a descifrar lo que se mueve dentro de nosotros, intentamos comprender lo que pasa a nuestro alrededor y, sobre todo, nos dejamos conducir más allá: a volver a soñar, a correr riesgos de nuevo, a seguir viviendo con pasión y coraje, acogiendo en nosotros esa presencia bendita de Dios que nos susurra la verdad sobre el misterio de nuestra vida: también en la experiencia de la noche y del sufrimiento hay para ti una bendición oculta. No todo ha terminado para siempre. *Siempre puedes comenzar de nuevo.*

Este es el desafío. Y necesitamos palabras «buenas» para volver a empezar. Palabras e historias que, desde el soplo infinito de la Palabra de Dios, hablan a nuestra vida y la transforman.

Confianza

A pesar de los imprevistos de la vida y las tormentas que a veces nos golpean, en el lugar más íntimo y escondido de nosotros mismos brota una fuente inagotable. Dentro de nosotros hay un espacio intocable que es el de la confianza. Es una confianza básica, original, que se encuentra en la base de nuestra existencia y no desaparece ni siquiera cuando en mil frentes estamos expuestos a la desconfianza. Es esta fuente la que impide que nuestra vida se seque y se deslice inexorablemente hacia lo que el Papa Francisco, con su palabra conmovedora y punzante, llama «el cansancio de la esperanza». Incluso cuando la situación externa parece estar perdida, yo puedo aferrarme aún a la confianza fundamental que llevo dentro y que pertenece a mi yo más profundo, entonces tengo todavía la esperanza de poder levantar la cabeza y volver a empezar.

Esta confianza subyacente, fundamental para la vida de cada uno, pero también para el camino de las sociedades en las que vivimos, la recibimos, ante todo, del amor generoso e incondicional con el que Dios nos ha mirado desde siempre, con el que nos tejió en el vientre de nuestra madre y nos ha dado la vida. La confianza surge sobre todo de saber que el Dios creador me mira desde siempre, pronunciando y repitiendo para mí las palabras que dijo al principio de la creación: eres algo muy bueno, eres amado, eres bienvenido.

Sin embargo, el don de la confianza pasa también por la carne. Es decir, de alguna manera se nos transmite en el momento mismo del nacimiento: la saboreamos por primera vez en los brazos que nos sostienen apenas salimos a la luz, en el amor incondicional que nos acoge en los límites de este mundo, en todas las experiencias que, en las diferentes etapas de la vida, y sobre todo durante la infancia, nos transmiten esa confianza y nos infunden el coraje de abrazar la maravillosa aventura de existir.

No es obviamente un hecho que hay que dar por supuesto: hay vidas humanas que inmediatamente son despreciadas o rechazadas, hay experiencias de pobreza, de degradación, de violencia y de abusos, que corren el riesgo de destruir la confianza original de nuestro yo más profundo, con el que Dios quiso prepararnos el vestido para la fiesta de la vida. Los daños causados por la violencia doméstica perpetrada en las relaciones familiares y, más aún, los causados por abusos físicos, psicológicos, morales y espirituales, pueden ser devastadores: destruyen nuestro sistema interno basado en la confianza general en nosotros mismos, en los demás y en la realidad.

De alguna manera, también nuestras experiencias negativas, especialmente aquellas en las que hemos sido traicionados, sepultan bajo una densa capa este dispositivo interior nuestro que es la confianza. Todos nosotros llevamos dentro alguna herida, debido a que nuestra confianza y nuestra disponibilidad se han visto, de alguna manera y al menos alguna vez, abusadas o violadas.

Hoy, sin embargo, nuestro gran empeño se refiere al sentimiento de desconfianza y desencanto que atraviesa nuestro tiempo, nuestra cultura y, en general, nuestras sociedades occidentales.

La impresión es que vivimos en un tiempo suspendido, que nos empuja entre dos polos aparentemente opuestos: el frenesí del hacer al que, sin embargo, corresponde un sentimiento interior de apatía. El «todo» que buscamos fuera de nosotros mismos, porque dentro de nosotros muchas veces vive la «nada». Son demasiados los depósitos de confianza que, a lo largo de estas últimas décadas, se han desmoronado: las crisis sociales, económicas y generacionales; las promesas de bienestar a veces incumplidas y otras veces pagadas caras; el optimismo eufórico por ciertos mitos y ciertos ideales –basta pensar en los políticos del siglo XX– que, después, mostraron sus grietas profundas y no estuvieron a la altura de las expectativas; las instituciones de apoyo de la vida personal y colectiva –del Estado a la Iglesia– que a menudo han traicionado la confianza simple de quienes les habían confiado ciertas claves de la existencia.

Algo se ha apagado con respecto a los sueños e ideales de los decenios anteriores, también debido a la ininterrumpida cadena de ambigüedades y fracasos que se han sucedido en la historia y a la acumulación de experiencias decepcionantes: el mito del progreso sobre el que hemos apretado el acelerador no era como lo habíamos imaginado; la promesa de un bienestar integral, en una sociedad más justa y más fraternal, bien pronto apareció contaminada por un excesivo idealismo y nunca se ha logrado de veras; las instituciones que se habían propuesto guiar nuestra vida y proteger el bien de la sociedad han sido repetidamente abrumadas por un déficit de credibilidad, a menudo a causa de los maremotos del individualismo, de los egoísmos colectivos y de la corrupción.

Y poco a poco se ha abierto camino esa conciencia general en la que, aun sin darnos cuenta, estamos todos un poco inmersos, y que en muchos sitios llaman posmoderna: una desconfianza de fondo, un dejar pasar sin esforzarse demasiado, un tomar y dejar sin nunca concluir, un morder sin pasión. La era de las pasiones tristes según algunos: un estar cerca del anochecer, un cansancio subyacente, la renuncia a apostar, un tirar los remos a la barca o –como repite a menudo el Papa Francisco– el pesimismo y la resignación que dictan ley dentro y fuera de nosotros.

Pero no son solo las grandes crisis las que nos tocan; estamos mucho más interesados en los pequeños segmentos de crisis que vienen a socavar nuestra confianza básica en la vida y en su belleza y que, gota a gota, secan nuestro mar interior dejándonos agostados. Hay muchas expectativas decepcionadas, demasiados ideales que chocan con la dura realidad cotidiana, muchos sueños y proyectos que no traen los resultados tan esperados e irrumpen en el ruido a menudo silencioso de nuestras fragilidades, de los miedos que viven dentro de nosotros, de las vacilaciones que nos debilitan, de las oscuridades y la confusión que muchas veces reinan dentro y alrededor de nosotros. Divo Barsotti escribe en un hermoso texto sobre la esperanza: «El pecado más común es el de cansarse». Estamos cansados. Y hemos perdido la confianza en que todavía merece la pena.

El último huésped inquietante que ha llegado a generar sentimientos de desconfianza ha sido ciertamente el Covid-19. Independientemente de la evolución científica y social del problema, que hemos presenciado en los últimos años, ciertamente algo ha cambiado para siempre; el compás de espera al que nos vimos obligados ha desenmascarado la fragilidad de nuestra era y de nuestra realidad, además de haber aportado aspectos y dimensiones de nuestra experiencia y de nuestra interioridad que, tal vez, yacían dormidas dentro de nosotros.

Y a partir de ahí, el resurgir de pequeños o grandes miedos, ansiedades, fobias, soledades. Y, por qué no, también transformaciones, esperanzas y proyectos. Las crisis, a nivel personal y colectivo, a menudo llegan sin nuestro permiso, pero con nuestro permiso pueden convertirse en oportunidades de cambio. Tampoco este paso es automático: si algo cambia en nuestras relaciones, en nuestros estilos de vida, en nuestra profesión de fe y, en general, en nuestro modo de habitar en el mundo, depende también de nosotros: algo se ha roto, algo se hace añicos, algo evoluciona aunque no nos demos cuenta, pero «a dónde queremos ir» y «quién queremos ser mañana» debemos decidirlo nosotros.

Nunca se trata de un simple regreso a la normalidad, sino más bien de un nuevo comienzo, de comenzar de nuevo y, por tanto, de volver a empezar. Un arte imposible sin confianza.

Lo mejor está por venir

La confianza –debemos reconocerlo– no acaece milagrosamente y no excluye cierto esfuerzo inicial. Si es verdad que vive dentro de nosotros, antes que nada, casi de forma original, es también cierto que los sentimientos de decepción y las experiencias negativas que se acumulan con el paso de los años pueden contaminar este pozo saludable de nuestra vida.

En lenguaje bíblico, especialmente en griego, la palabra «confianza» es casi sinónimo de «fe» e indica tanto una relación con una persona como una nueva mirada a la realidad: tengo confianza en Dios, confío en Él y en su obra; al mismo tiempo, en el evangelio de Juan se dice que «el que cree tiene la vida», es decir, aunque las circunstancias y las situaciones externas sean negativas, quien tiene confianza tiene una mirada nueva, sabe ver la realidad de una manera más profunda, sabe ir más allá; por eso vence la muerte.

En muchos pasajes del evangelio podemos descubrir el deseo de Jesús de infundir confianza en nuestro corazón: muchas veces repite «no temas», es decir, no tengas miedo. Fíate y confía. En muchas ocasiones, él hace crecer la confianza encomendando alguna tarea importante precisamente a quien no se siente capaz: Pedro lo niega, pero Jesús inmediatamente después le confía una misión.

Mientras estamos atrapados en un mundo que siempre exige alguna prestación perfecta, el evangelio nos hace descubrir que Jesús no pide un certificado de nuestras habilidades o un currículo perfecto: se fía de nosotros y nos encomienda su obra para que la llevemos adelante, tal como somos. Jesús quiere que todos nos sintamos bendecidos y amados por Dios, animados a mirar hacia delante y que dejemos de dar vueltas a nuestras incapacidades o insuficiencias. En todas las historias de llamada –desde Abrahán hasta Moisés y hasta los apóstoles–, Jesús no llama nunca por algún mérito, es más, a veces elige a los más pobres o a los que se sienten inadecuados.

Especialmente en las parábolas, Jesús infunde confianza. Nos invita a tener fe en Dios, porque él, como buen pastor, viene a buscarnos cuando estamos perdidos e, incluso, con un poco de levadura hace fermentar la masa de nuestra vida. Con esta confianza en él, somos liberados del riesgo de ser víctimas de lo que nos oprime o del mal que nos rodea; en vez de sucumbir bajo el peso de la negatividad, cuando descubrimos la cizaña en el campo de nuestro corazón o en la sociedad en que vivimos, aprendemos con confianza que Dios apuesta por el trigo bueno que también está presente: los hace crecer juntos, para que este último triunfe gradualmente sobre la primera.

Y si es cierto que la vida nos presenta siempre retos importantes, y que la misma fe nos exige opciones y decisiones determinadas y radicales, una actitud de confianza en el amor tierno de Dios y en nosotros mismos nos libera de la ecuación matemática en la que, a veces, asfixiamos nuestra existencia: la que existe entre compromiso y rendimiento.

Podemos y debemos comprometernos en todo y lo mejor posible; pero, en una breve y espléndida parábola, Jesús nos deja un mensaje que infunde confianza y nos libera de la preocupación por los resultados: puedes tener éxito en lo que haces sin acumular ansiedad por la prestación y sin presionarte a ti mismo. En el caso del agricultor «lo mismo si está dormido como si está despierto, si es de noche como si es de día, la semilla, sin que él sepa cómo, germina y crece. La tierra por sí misma da el fruto: primero la hierba, luego la espiga, después el grano gordo en la espiga» (Mc 4,27-28). Espontáneamente, no por tu esfuerzo o gracias a tu tenacidad, algunas cosas suceden, germinan, maduran. Hacen su camino justamente cuando sueltas la presa. Pero solo lo ves si tienes ojos llenos de confianza.

Siempre hay algo dentro de nosotros que nos tiene dramáticamente aferrados a nuestro fracaso, a la inseguridad, al miedo de no lograrlo, al miedo de no ser amado, a los errores del pasado. Se empieza desde aquí, desde este cara a cara con la nada, para recuperar ante todo la confianza en nosotros mismos. No coincide con lo seguros que estamos fuera. Detrás de nuestra imagen exterior existe nuestro yo más profundo, el núcleo espiritual que vive en nosotros, y en el que está esculpida la imagen de Dios: allí nada ni nadie puede herirnos, es el lugar donde somos más firmes, el espacio de nuestros cimientos.

La falta de confianza, entonces, depende muy a menudo del hecho de que vivimos en la superficie, proyectados solo hacia fuera, y difícilmente logramos profundizar, ponernos en contacto con nosotros mismos y con quienes somos verdaderamente en este núcleo profundo. Por eso, la confianza en nosotros mismos crece cuando estamos bien arraigados en nosotros; pase lo que pase fuera de mí, aunque esté tocado y herido por ello, no me siento arrollado, porque he aprendido que mi vida es más grande que las experiencias y los acontecimientos cotidianos; cuando sigo adelante yo y mis pequeños compromisos, incluso equivocándome y cayéndome, incluso en medio del cansancio y sin resultados inmediatos, sabiendo que terminar lo comenzado fortalece la confianza en mí mismo sin importar el resultado final.

Y cuando, descubriendo la presencia de Dios en mí, intuyo que soy único, original y bendito. Entonces soy como un junco, que puede doblarse, pero sin romperse; o como dice san Pablo: «Estamos acosados por todas partes, pero no derrotados; perplejos, pero no desesperados» (2Cor 4,8). Esta confianza crece cuando realmente soy yo, más allá de las máscaras que uso a menudo buscando la aprobación externa. Una confianza que crece cuando nos damos a nosotros mismos este imperativo: sé tú mismo, acepta tus debilidades, descubre tus puntos fuertes y aférrate a Dios, que vive dentro de ti.

La confianza en nosotros mismos nos abre con serenidad a las relaciones con los demás. La inseguridad y la desconfianza, al contrario, se extienden también al exterior y me impiden tener relaciones fiables, serenas y hermosas. Y los demás, sintiéndose a su vez bloqueados o amenazados, no confían en nosotros. Debemos abrir los brazos para acoger la confianza que se nos brinda especialmente en «casa», es decir, en el lugar de nuestros vínculos más estrechos: los otros, los que me aman, los familiares o los amigos más íntimos son como mi casa, es decir, el lugar donde me siento bien, puedo respirar, puedo ser yo mismo, siento que no estoy solo en la lucha de la vida. La confianza en los demás ciertamente puede verse herida, decepcionada y traicionada, pero el epílogo nunca podrá ser «ya no me fío de nadie». Es necesario más bien trabajar lo mejor que se pueda en estas heridas, aceptar que algo en nuestras relaciones también se puede romper; sanar lo que es posible, y presentar al Señor estas heridas para que poco a poco podamos volver a empezar.

Sin embargo, la primera y última fuente de la confianza es Dios. La confianza en Él es un don que nace y se recibe lentamente, en la oración y en la experiencia de fe. Si perseveramos, esto puede convertirse en el punto más inquebrantable de nuestra vida: puede suceder cualquier cosa, pero yo estoy en las manos de Dios y estoy tranquilo y sereno, como un niño en el regazo de su madre (Sal 131). Puede haber una tormenta en la barca de mi vida, pero sé que Él está conmigo y hace callar a los vientos y calma el mar. Tengo la certeza de que el Señor está conmigo y, sobre todo, me fío de su promesa:

«Ni un cabello de vuestra cabeza perecerá» (Lc 21,18).

Precisamente allí donde me parece que llega el ocaso y ya no me espero nada, Dios puede empezar algo nuevo: en la noche se levanta una luz; donde parece haber oscuridad espesa, brilla la luz de Cristo y comienza un cambio.

Confianza en Dios no es una actitud pasiva, como si tuviéramos que esperarlo todo de Él. Más bien, yo hago lo que está dentro de mis posibilidades, pero sé también que Dios es más grande, trabaja por un bien mayor y me dejo llevar por Él. Naturalmente tengo mis planes, pero se los encomiendo a Él para ser iluminado, guiado y, tal vez, para ser también «roto» en alguna certeza o seguridad mía: Dios abrirá un camino en el desierto. Entonces ya no tengo miedo al futuro: el Señor está conmigo y Él abrirá un camino (Is 43,19). A veces, tener confianza en Dios significa también darme unos imperativos espirituales: suelta la presa, suelta tu yo, deja de pretender tener todo bajo control. Fíate, porque verás cosas grandes: ¡lo mejor está aún por venir!

Jesús y Natanael

La historia del encuentro entre Jesús y Natanael es la historia de una apertura a la confianza. En este personaje evangélico observamos una pizca de sarcasmo y un prejuicio, que poco a poco se abre a la confianza. Pasa de la sospecha al amor, gracias al diálogo que Jesús entabla con él.

Un primer aspecto interesante de esta historia es que —caso raro, si no único, en el Biblia— comienza con la historia de la vocación de otro, de Felipe. La vocación de Felipe parece ser bastante simple: se encuentra con el Señor e inmediatamente le sigue y luego da testimonio de él; la vocación de Natanael es más tortuosa, más difícil, más gradual, pero comienza con el hecho de que Felipe fue a incomodarle con un anuncio.

Aquí hay dos aspectos. Ante todo, que nosotros no somos los primeros llamados ni los primeros cristianos y nuestra vocación no es un acontecimiento extraordinario aislado; al contrario, hemos llegado a ser cristianos siempre gracias a otro. Somos cristianos porque alguien nos ha anunciado a Cristo, tal vez al principio incluso incomodándonos. Esto es importante también para comprender el misterio de la Iglesia: estamos dentro de la historia de un pueblo que nos precede y que nos transmite a Cristo; nuestros padres se lo enseñaron a sus hijos y así sucesivamente, de generación en generación.

En este sentido somos también parte de una gran corriente, de un río que se llama Tradición, en la que ciertamente estamos de manera singular, personal, libre, pero a la que sentimos pertenecer y en la que estamos llamados a participar. Si somos cristianos es porque alguien nos lo ha anunciado y la historia de una vocación está precedida por otra vocación; eso significa que el dinamismo misionero pertenece a la fe misma: no podemos guardarnos la alegría del Evangelio solo para nosotros.

El Papa Francisco ha querido hacer de ello un programa de su pontificado: la alegría del Evangelio, que llena la vida de los creyentes, se renueva siempre en el encuentro con el Señor para comunicarse a los demás. Nuestra fe crece y se revitaliza en la medida en que «salimos» del caparazón, del riesgo de guardarnos para nosotros mismos el consuelo que el Señor nos da, y llevamos a Cristo a los otros. Si nuestro encuentro con el Señor se convierte en una cómoda «siesta» prolongada, la fe se apaga.

Y así volvemos a Natanael. Se deja incomodar y molestar por Felipe, a pesar de que el punto de partida revela que está lleno de prejuicios: «¿De Nazaret puede salir algo bueno?» (Jn 1,46). Los prejuicios son peligrosos: elevan la ignorancia como verdad, incluso poniéndolos «de moda» en nuestro mundo influenciado por las redes sociales. Basta una frase con efecto, una cara famosa, un eslogan publicitario que habla a nuestros instintos más bajos y, de repente, se genera un nefasto mecanismo automático que nos empuja a pensar lo mismo y de la misma manera, es decir, a no pensar ya con nuestra cabeza.

Como dice el Papa Francisco, los prejuicios distorsionan la realidad y nos llevan a juzgar continuamente los acontecimientos y a los demás sin la luz de la verdad y sin misericordia. En la conocida revista mensual *Focus* se ha publicado un estudio según el cual el prejuicio, aunque sea inconsciente, tiene el poder de cambiar nuestra percepción cuando vemos el rostro de los demás. Se trata, en efecto, de una opinión preconstituida, de un juicio preventivo apresurado, a menudo desprovisto de racionalidad, que crea estereotipos. Muchos problemas que, en términos de confianza, tenemos hacia los demás y hacia la realidad, dependen de nuestros prejuicios, que nos impiden abrirnos, acoger lo que nos viene, precisamente para que nos fiemos.

El problema, sin embargo, es que los prejuicios, a menudo, están también muy presentes en la vida espiritual y, distorsionando nuestra realidad, también la interior, se convierten en un obstáculo para el encuentro con Dios: cada uno de nosotros tiene un «Nazaret» dentro de sí mismo, del que desconfía y por el que piensa: de aquí nunca podrá salir nada bueno. Y así se pone en marcha el círculo vicioso: por un lado, nos organizamos de muchas maneras, con mil expedientes y numerosas máscaras, para ocultar nuestra fragilidad, para negar necesidades, para disfrazar nuestras vulnerabilidades, casi avergonzándonos, para trepar de modo que nuestra vida corresponda al ideal de persona fuerte y ganadora; y, por otro, buscamos a Dios en otra parte, en todas partes, menos en nuestra imperfecta y humana fragilidad, en cosas bellas y santas, arregladas y organizadas.

En realidad, tocamos un nervio al descubierto de la fe cristiana cuando aprendemos que Dios es siempre el Dios de las «encrucijadas de los caminos» (cf Mt 22,9), el Dios «a los márgenes de la vida»; el que no nace en Jerusalén y no vive en los palacios de los poderosos, sino que surca la dureza de las periferias y se hace próximo a las vidas equivocadas, rotas y perdidas. En la vida espiritual siempre estamos obligados a aprender una dura lección: Dios nos habla precisamente a través de esa situación o esa parte de nosotros que nos gustaría ocultar bajo tierra. A propósito de Natanael, el Papa Francisco afirma que en este pasaje del evangelio podemos contemplar «la libertad de Dios, que sorprende nuestras expectativas dejándose encontrar justamente allí donde no lo esperaríamos». ¿Puede venir algo bueno de mi rabia, de la dificultad de afrontar ciertas circunstancias diarias, de mi incapacidad para llevar a cabo un propósito, de una relación herida o rota, de esta o aquella situación complicada? ¿Puede venir algo bueno de mi pecado, de mi fragilidad? A través de ese Nazaret, el Señor podría querer decir algo a mi vida. ¿Me fío?

En este pasaje evangélico vemos, en primer lugar, la buena pedagogía utilizada por Felipe. Él repite lo que Jesús le ha propuesto cuando le dice: «Venid y veréis». Para llevar a los demás nuestra fe y el anuncio de Cristo, basta partir de la historia y del testimonio de cómo él ha tocado nuestra vida y proponer la misma experiencia, que después será vivida de manera personal. Pero Natanael da, sin embargo, un paso importante: no sigue preso del prejuicio, sino que se deja desafiar. Está al menos dispuesto a cuestionarse el juicio apresurado que ha dado. En este punto sucede algo, que representa el punto de inflexión de este pasaje y, más en general, del tema de la confianza: Natanael va a ver, va a conocerlo, pero descubre que ya es conocido por Jesús. Jesús lo ve venir y dice: «Este es un israelita auténtico, en el que no hay engaño» (Jn 1,47). Natanael se sorprende y pregunta: «¿De qué me conoces?». Y Jesús responde realmente de forma enigmática: «Antes que Felipe te llamase, te vi yo, cuando estabas debajo de la higuera» (Jn 1,48).

Hay aquí un tema central en nuestra vida espiritual: Dios me conoce desde siempre, Dios me ha elegido y me ama siempre. Antes aún de la creación me predestinó a ser su hijo, por tanto, antes de mis méritos. Te he formado en el seno materno, le dice a Jeremías; y desde entonces te conozco y te he elegido. Al mismo tiempo, Jesús habla de una higuera, un árbol bíblico que tiene cierto significado.

La higuera es uno de los dones de la Tierra prometida porque, a diferencia del desierto, que es un lugar árido y estéril, en esta tierra fluye leche y miel, y se producen higos y granadas, es decir, frutas dulces; alimentándose del Señor, el pueblo recibirá frutos dulces y abundantes. El primer libro de los Reyes narra la prosperidad del pueblo de Israel con la imagen de la higuera: «Israel y Judá vivieron tranquilos; cada uno bajo su parra y su higuera, desde Dan hasta Berseba, durante toda la vida de Salomón» (1Re 5,5). También el profeta Zacarías afirma que en el día de la salvación «os invitaréis mutuamente los unos a los otros a la sombra de la parra y de la higuera» (cf Zac 3,10).

Luego, más adelante, la higuera se convierte también en símbolo de la Palabra de Dios, que produce frutos abundantes y permite gustar la dulzura de Dios. Por eso, «estar sentado debajo de la higuera» significa estar con el Señor y meditar en su Palabra. De hecho, los escribas a menudo estudiaban la Torá bajo las higueras que, además, daban mucha sombra.

En este sentido se puede decir que Natanael es un joven que medita y estudia las Escrituras, y por eso en su corazón hay un deseo de verdad, de conocer al Señor; el Señor sabe que en su corazón no hay falsedad y, leyendo este deseo suyo, quiere decirle también que ya ha sido escuchado: tú deseas conocer a Dios, pero Él te conoce y te ama desde siempre. El cardenal Martini afirma a este propósito:

> La emoción de descubrir que hay alguien que me conoce por dentro y desde arriba, que me conoce de verdad, como nunca habría pensado ser conocido. Siempre que nos damos cuenta de que somos conocidos por una persona que pensábamos que era extraña para nosotros, nos maravillamos y nos quedamos turbados.

Así es exactamente cómo nace la confianza: cuando descubro que soy conocido, casi por adelantado; cuando soy acogido en mi verdad, por tanto, amado.

En efecto, Natanael se siente tocado en el corazón por estas palabras de Jesús, y piensa: este hombre sabe todo sobre mí, conoce el camino de la vida, realmente puedo confiar en él. Precisamente entonces los prejuicios desaparecen y nos abrimos a la confianza y a la profesión de fe: «Rabí, tú eres el Hijo de Dios» (Jn 1,49). Lo reconoce porque antes ha sido reconocido por Jesús. Reconozco solo cuando soy reconocido, acogido y amado.

En este punto, Jesús se relanza; una vez reconstruida la confianza, puede ampliar la visión y hace soñar en grande: «Cosas mayores que estas verás» (Jn 1,50). Y en ese momento Jesús habla del cielo abierto y de los ángeles que suben y bajan, recordando la famosa imagen de la escalera de Jacob que, en el sueño nocturno, lucha con Dios. La escalera está plantada entre la tierra y el cielo. Se trata de una hermosa página bíblica, a través de la cual comprendemos que la relación con Dios, la vida cristiana y la oración no son un tranquilizante o un pacífico paraíso terrenal. La vida de Jesús fue una lucha por afirmar el reino de Dios en medio de los violentos, por hacer germinar la buena semilla en un campo en el que, de noche, el adversario sembraba cizaña, por arrancar al hombre de los poderes del mal y al mundo de las oscuridades de las tinieblas. Y para eso, Jesús tomó posición, realizó gestos sin precedentes, pronunció una palabra de fuego, fue sometido a los golpes de la injusticia y de la violencia, sufrió pruebas indecibles y murió en la cruz como el peor de los malhechores.

Del mismo modo, el cristiano vive la aventura de un combate espiritual permanente, como afirma Carlo Maria Martini:

La existencia cristiana no debe entenderse como un simple camino educativo que procede de luz en luz cada vez mayor; es una lucha incesante entre la luz y las tinieblas, entre el bien y el mal, una dura y agotadora lucha que pone a prueba nuestra fe, esperanza y caridad... Resistir al mal requiere una lucha de no poca monta... debemos sentir el drama de la lucha entre Dios y Satanás que está teniendo lugar en la Historia. Una lucha sin exclusión de golpes, por la que Cristo muere en la cruz. No hay tregua, no hay armisticio entre luz y oscuridad: se enfrentan noche y día, de la mañana a la noche y de la noche a la mañana. Cuando te levantas, la lucha ya está en tu cama, y no te abandona ni siquiera de noche; se lleva a cabo ante todo dentro de nosotros, que somos el primer campo donde están sembrados el buen trigo y la cizaña, y a ella debemos prepararnos todos los días con el corazón renovado. No hay tentación, no hay prueba que se ahorre a quien vive el Evangelio.

Por tanto, la vida cristiana exige lucha; en medio del consuelo y el fruto dulce del amor, hay una verdadera batalla diaria que llevar adelante, también con el Señor, en la que a veces elevamos una oración semejante a un grito de protesta porque no entendemos sus planes o experimentamos su ausencia y, al final, pensamos que no somos escuchados. Al término de la lucha, Dios bendice a Jacob. En ese momento, Jacob había huido, después de romper la relación incluso con su hermano y, cansado y desolado, se había apoyado en una piedra para dormir. Esta escalera que une el cielo y la tierra y esta lucha que Dios comienza es un modo mediante el cual el Señor cuida de él.

El cardenal Martini afirma que este símbolo de la escalera significa:

Dios se interesa por nosotros. Dios cuida misteriosamente del hombre, no lo abandona ni siquiera en los momentos más difíciles y oscuros. Incluso en la noche oscura de un hombre errante y fugitivo hay una atención del cielo por él; somos objeto de una Providencia que nos sigue paso a paso, también allí donde nos sentimos desolados, incluso abatidos, descoordinados. Y esta es la verdad sumamente fundamental que vuelve a encarrilar la existencia de una persona... Dios me cuida, estoy en sus manos... La imagen de la escalera apoyada en la tierra y cuya cima llega hasta el cielo nos revela que Dios se preocupa por mí, por los acontecimientos de mi vida, por mis dificultades diarias que solo yo conozco, y que misteriosamente me envuelve y me es propicio.

Es este anuncio el que reconstruye nuestra confianza a veces herida. A Natanael, pues, Jesús le está diciendo: confía. Dios te cuida, «sube y baja», es decir, está actuando en tu vida. Y verás cosas grandes. No tengas ningún miedo al futuro: estás en manos de Dios. Como afirma Adrien Candiard:

Un día, como Natanael, también tendrás que dejarte incomodar para que comience la aventura. Venimos a ver, queremos verlo, y un día nos damos cuenta de que él nos ha visto. Que somos conocidos, que somos amados tal como somos. No lo hemos visto, pero, con una certeza interior, al mismo tiempo frágil e inexpugnable, sabemos que en verdad nos mira, que ha visto en nuestra profundidad, esa profundidad que no nos atrevemos a mirar, que nos perturba, de la que no estamos orgullosos... Créeme, con tu higuera no has visto todavía nada... Lo que Jesús le recuerda a Natanael es que, con Dios, lo mejor está siempre por venir.

Esperanza

Nuestras sociedades occidentales se parecen cada vez más a linternas que, lentamente y sin demasiado ruido, se van apagando. El imparable asedio de la decepción por muchas promesas fallidas; la insatisfacción por ciertos estilos de vida; las heridas infligidas a la naturaleza, que a veces se vuelve contra nosotros; las inseguridades de la vida diaria y de los lugares que frecuentamos, que a su vez generan no pocos miedos, que invaden nuestras mentes y nuestras almas, nos entregan a esa actitud de cansado pesimismo, que nos obliga a arrastrarnos por la vida. En vez de cultivar grandes sueños y buenas expectativas, nos quedamos paralizados por la ansiedad de quedarnos atrás, de perder el tren que pasa a toda velocidad.

No podemos vivir sin esperanza, sin esa emoción interior que, a pesar de todo, nos da descanso de nuestros trabajos y abre nuestras aflicciones y cansancios a la posibilidad de empezar siempre de nuevo y a la confianza subyacente en un mundo que, a nuestro alrededor, sigue sosteniéndonos, superándonos y sorprendiéndonos. Nos arriesgamos a lo que el Papa Francisco llama eficazmente «el cansancio de la esperanza», que nace de la fatiga del corazón, que nos rompe cuando los ojos se nublan ante el futuro mientras la realidad actual, a pesar de nuestro incesante y constante esfuerzo, casi nos abofetea, absorbiendo nuestros mejores recursos y poniendo en duda que algo pueda realmente cambiar y que pueda llegar un nuevo amanecer.

Dice el Papa Francisco que se trata de «un cansancio paralizante. Nace de mirar hacia delante y no saber cómo reaccionar ante la intensidad y la incertidumbre de los cambios, que como sociedad estamos atravesando. Estos cambios parecerían no solo cuestionar nuestras formas de expresión y compromiso, nuestros hábitos y nuestras actitudes ante la realidad, sino que cuestiona, en muchos casos, la posibilidad misma de la vida religiosa en el mundo de hoy».

A nuestras decepciones y frustraciones personales, se ha agregado en nuestro tiempo también la pandemia, que ha afectado a nuestra existencia y ha dejado varias consecuencias de naturaleza psicológica, que alimenta ansiedades, miedos e inseguridades que yacían latentes dentro de nosotros y en nuestras relaciones sociales. Cuando emerge en su violencia nuestra vulnerabilidad, entonces las bases de nuestra esperanza pueden verse amenazadas en su raíz. Hoy, una vez más, tenemos la urgencia de preguntarnos: ¿Cómo podremos comenzar de nuevo? ¿Cómo puedo levantarme de nuevo y volver a empezar? ¿Dónde encontraré la esperanza para reanudar el camino?

Cuando dejo de mirar solo la punta de mi nariz o de mis zapatos pensando que el mundo se acaba conmigo, y empiezo a mirar más allá, a otear el horizonte, a pensar en grande, a creer que la vida es «más», entonces experimento lo que se entiende con la palabra «esperanza».

La esperanza es un pariente cercano de la confianza. El diccionario la define como una expectativa confiada de que lo que deseamos se realizará, en el presente o en el futuro. Aún más fascinante es la etimología de la palabra, que recuerda el esfuerzo por alcanzar una meta. Esto es posible solo si no sigo prisionero de lo negativo y consigo entrever la luz en el camino que recorro, aunque tuviera que hacerlo sumergido en la oscuridad. Esperar significa creer aún en las estrellas del cielo y en un cielo que todavía brilla con estrellas para mí. Significa creer que no hay destino ni horóscopo que se sostenga, porque lo que quiero cambiar realmente puede cambiarse y lo que deseo realizar es posible que se haga realidad de veras, con mi fuerza, con mi esfuerzo, y con el apoyo de los demás. Y también gracias a las circunstancias de la vida que, aunque a veces pueden ser adversas, otras veces, de forma sorprendente, abren senderos de cambio y allanan caminos de nuevas posibilidades.

En este sentido, la esperanza es una fuerza que apoya el camino de la vida y, al mismo tiempo, es en la vida misma donde nace y se desarrolla. Es lo que se mueve dentro de nosotros cuando los desafíos de la vida nos interpelan y cuando estamos postrados por el sentimiento de derrota y de fracaso. Es creer, como afirma poéticamente Gibran, que nada impedirá que el sol salga de nuevo, ni siquiera la noche más oscura. La esperanza nos da el coraje de la inquietud, para no quedarnos sentados esperando a que las cosas sucedan sin nosotros y en cambio convertirnos nosotros mismos en protagonistas creativos de nuestra existencia. Cuando empezamos a esperar, dilatamos los horizontes de la vida.

Hoy, entonces, debemos volver a hacernos la pregunta fundamental sobre la esperanza: nosotros, ¿tenemos todavía y realmente esperanza? ¿Tenemos en nosotros la esperanza cristiana o se ha reducido a una luz tenue que se está apagando?

Siempre hay un mañana que todavía puede florecer

Por otra parte, esta pregunta genera otra sobre la que vale la pena detenerse para encontrar claridad: ¿Qué significa la esperanza en sentido cristiano? Si la esperanza es una virtud teologal, es decir, que nace directamente de Dios mismo, entonces este volcán que arde en nosotros y esta fuente que brota dentro de nuestro corazón, nace ante todo de la intervención de Dios en nuestra vida. La vida humana es ciertamente inconcebible sin la tensión de la esperanza, pero es igualmente cierto que «la esperanza cristiana es algo de todo eso, y es diferente de todo eso: es diferente de todo lo que el mundo llama esperanza... La esperanza cristiana viene de

Dios, de arriba, es una virtud teologal cuyo origen no es terrenal. Efectivamente, no se desarrolla a partir de nuestra vida, de nuestros cálculos, de nuestras previsiones, de nuestras estadísticas ni encuestas, sino que nos la da el Señor» (Carlo Maria Martini).

La esperanza cristiana, por tanto, es pariente del optimismo humano, aunque no es la misma cosa. Es más grande que ciertos estrechamientos dentro de los que leemos los acontecimientos de la vida según horizontes pesimistas u optimistas. En efecto, el optimismo es nuestro deseo humano dirigido a que las cosas vayan bien, pero la esperanza es mucho más: es el futuro prometido que sale a nuestro encuentro y nos convence, a pesar de las turbulencias de la vida, de que nuestra historia tiene un objetivo y una dirección. Vivir en esperanza no es «ser optimistas» porque algo bueno va a suceder tarde o temprano, sino que es saber y sentir que nuestra vida está puesta bajo la luz de una promesa que viene de Dios.

Este futuro que Dios nos ha prometido –futuro de bendición, de liberación, de alegría– ha comenzado a realizarse ya en Jesús; y nuestra historia está «escondida» en él, es atraída dentro del vórtice de este camino de libertad. Una promesa que sale a nuestro encuentro y, precisamente así, nos atrae, dirige el camino y motiva nuestras opciones. Esperar, para nosotros los cristianos, es saber que, tras el camino, a veces difícil, hay Alguien que tiene un proyecto de bien para nosotros y guía nuestra vida y la historia de la humanidad.

En esencia, la esperanza cristiana tiene un nombre concreto: Jesús. Él es la razón de nuestro esperar y de nuestro caminar. En él se ha cumplido ya definitivamente la vida plena que todos deseamos; él es la imagen del hombre que todos queremos ser y él es quien ya ha fundado nuestra esperanza porque ha resucitado de la muerte y nos ha prometido que resucitaremos con él, es decir, ha quitado el mayor obstáculo que es la muerte. Si ante mí está la muerte, ¿qué puedo esperar? No tengo futuro. Pero si la muerte está vencida, entonces esa meta final que me espera y hacia la cual camino da significado a lo que estoy viviendo hoy, incluso a las cosas negativas. Nada me perturba hasta el punto de hacerme desesperar. Siempre hay un camino, un mañana que debe florecer.

Vale la pena saborear las palabras del Papa Francisco:

Cuando se habla de esperanza, podemos ser llevados a entenderla según la acepción común del término, es decir, en referencia a algo bonito que deseamos, pero que puede realizarse o no. Esperamos que suceda, es como un deseo. Se dice por ejemplo: «¡Espero que mañana haga buen tiempo!», pero sabemos que al día siguiente sin embargo puede hacer malo... La esperanza cristiana no es así. La esperanza cristiana es la espera de algo que ya se ha cumplido; está la puerta allí, y yo espero llegar a la puerta. ¿Qué tengo que hacer? ¡Caminar hacia la puerta! Estoy seguro de que llegaré a la puerta. Así es la esperanza cristiana: tener la certeza de que yo estoy en camino hacia algo que es, no que yo quiero que sea. Esta es la esperanza cristiana. La esperanza cristiana es la espera de algo que ya ha sido cumplido y que realmente se realizará para cada uno de nosotros (*Audiencia general,* 1 de febrero de 2017).

Este es el tesoro de nuestra vida: la esperanza. Es decir, saber que suceda lo que suceda, cualquiera que sea el camino de nuestra vida, incluso la más tortuosa, Dios me ama, me acompaña y no me deja caer en el vacío... hasta el final, lucha conmigo y me promete plenitud de vida y alegría. Este tesoro lo llevamos, sin embargo, como en vasijas de barro: es decir, no nos ahorra las fatigas de la vida, no nos hace forzosamente felices como si todas las cosas debieran ir necesariamente bien. Simplemente enciende una pequeña luz incluso cuando vivimos en la oscuridad. A este propósito escribe san Pablo:

Pero llevamos este tesoro en vasijas de barro, para que aparezca claro que esta pujanza extraordinaria viene de Dios y no de nosotros. Estamos acosados por todas partes, pero no derrotados; perplejos, pero no desesperados; perseguidos, pero no abandonados; desechados, pero no aniquilados; llevamos siempre y por doquier en el cuerpo los sufrimientos de muerte de Jesús, para que la vida de Jesús se manifieste también en nosotros. Porque viviendo, estamos siempre expuestos a la muerte por causa de Jesús, para que también su vida se manifieste en nuestra vida mortal. Así, que la muerte actúa en nosotros, pero en vosotros la vida. Sin embargo, teniendo el mismo espíritu de fe, según lo que dice la Escritura: *Creí, por eso hablé,* también nosotros creemos y por eso hablamos, convencidos de que quien resucitó a Jesús, el Señor, también nos resucitará a nosotros con Jesús y nos dará un puesto con él en vuestra compañía» (2Cor 4,7-14).

No es cierto, entonces, que «mientras hay vida hay esperanza», como se suele decir. En todo caso, es verdad lo contrario: mientras hay esperanza, hay vida. La esperanza mantiene en pie la vida. Si tengo esperanza y cultivo la esperanza, puede que esté oprimido, pero no aplastado; sorprendido, pero no desesperado. Es decir, soy de barro, frágil y humano, pero nada puede destruirme porque estoy sostenido por Dios y camino hacia Él.

Y así, la esperanza es no permanecer esclavos del momento, abrumados por las circunstancias, víctimas de los acontecimientos, aplastados por la crónica: esperar es ver las cosas con perspectiva abierta, con actitud de apertura respecto a las sorpresas de Dios.

De hecho, hay dos maneras de ver nuestra vida y el tiempo que pasa: desde el pasado y desde el futuro. Desde el pasado, se vive solo de arrepentimientos, en la tristeza nostálgica de lo que hemos perdido, que ya no existe, que no volverá; desde el futuro, se mira la vida hacia delante, se escudriña el horizonte, se siguen buscando las estrellas, se cultivan deseos y proyectos, con la firme certeza de que, si todavía ahora sigo tanteando en la oscuridad, es el futuro mismo el que viene hacia mí e ilumina la noche.

Mientras estamos asustados, desorientados, deprimidos o simplemente apáticos, necesitamos el don de la esperanza. El futuro nos espera y camina hacia nosotros. En Cristo, Dios ha dicho su «sí» definitivo a nuestra vida y sobre nosotros está apoyado ligero el manto de su misericordia y de un amor que nunca permitirá que fallemos. Todavía necesitamos esperanza: para cultivar la imaginación, despertar nuestros recursos internos, imaginar todavía y de nuevo nuestras vidas y nuestras sociedades. Es esta esperanza la que sorprende incluso a Dios mismo, como afirma Péguy: «La esperanza, dice Dios, esto sí que me extraña... Que estos pobres hijos vean cómo marchan hoy las cosas y que crean que mañana irá todo mejor».

Las diez muchachas (Mt 25,1-13)

La parábola de las diez muchachas es parte del último gran discurso de Jesús y es una exhortación para las comunidades cristianas que, después de la resurrección de Cristo, deben caminar en las tribulaciones de la historia esperando el regreso final del esposo. Si este último ha venido a reunir a la familia de Dios, llegando incluso a los lejanos, reuniendo incluso a los perdidos y abrazando, por tanto, a todos, es igualmente cierto que, al final, algunos mantendrán encendida la lámpara de la fe y caminarán en la esperanza del encuentro final con él, mientras que otros, necios, se dejarán vencer por el «cansancio de la esperanza» y dejarán apagar sus lámparas.

Se trata de una parábola sobre el final. Para responder a la pregunta que siempre nos atraviesa y que, a veces, resurge en nosotros con un poco de angustia: ¿Y si todo terminara? Y qué habrá al final y dónde iremos a parar. El interrogante es a menudo deliberado o inconscientemente suprimido, empujado hacia las esquinas menos visitadas por nuestro frenesí diario, amortiguado dentro del aturdimiento de nuestras carreras, de los negocios, de las actividades y, sobre todo, de las resacas del consumismo y las exterioridades que siempre consiguen distraernos y desviarnos. Y, sin embargo, cuanto más la empujamos hacia el fondo, más aflora la pregunta a la superficie.

El evangelio no oculta la realidad. No nos ahorra las preguntas difíciles ni los eventos traumáticos, como la muerte. Quien lo convierte en un anestésico para adormecer la conciencia traiciona el sentido verdadero del cristianismo, que es, en cambio, el don de un inesperado coraje capaz de hacernos pasar con esperanza por los caminos de la vida y también por el túnel de la muerte. Más aún, permanecer vigilantes en la esperanza, para no quedarnos dormidos y no entorpecer el vigor de la vida es un recordatorio constante en labios de Jesús: el peligro auténtico –parece decir– no es el de equivocarse o caer, sino el de no vivir ya porque te has quedado dormido. Y nosotros podemos quedarnos dormidos por cansancio o por falta de confianza, por haber sido heridos o decepcionados, por miedo a enfrentar la realidad o por habernos asentado en la superficialidad. Por muchas razones, como las muchachas de la parábola, podemos ser sorprendidos con el sueño.

Para hablarnos del final, pues, el evangelio nos narra una historia tomada de la vida cotidiana y de los hábitos y costumbres de la época en Israel. La fiesta de bodas, que era muy solemne, duraba varios días y en el primer día el esposo iba a casa de sus suegros a recoger a la novia y a llevarla con él. La esposa era acompañada en procesión por las muchachas solteras del pueblo, que cantaban, bailaban y sostenían lámparas encendidas para iluminar la noche. Estas muchachas, por lo tanto, esperaban la llegada del esposo para luego poder acompañar a su amiga. La imagen es exquisitamente bíblica: Israel está esperando al Mesías, el Esposo y, como se verá, una parte de este pueblo lo reconocerá y lo acogerá, mientras los necios seguirán durmiendo y no advertirán su llegada. Lo mismo que vale, ahora, para la Iglesia, para la comunidad de los discípulos que caminan por la historia después de que Jesús haya resucitado.

Sin embargo, el hecho es que el esposo se demora, y este es el corazón de la parábola: *la demora del Esposo*. De hecho, Mateo escribe a una comunidad en la que se pensaba que Jesús resucitado regresaría casi de inmediato y así cumpliría definitivamente su promesa. Pero pasan los años y no sucede nada de todo esto; algunos incluso llegan a preguntarse: «¿En qué ha venido a quedar la promesa de que Cristo volvería? Nuestros padres han muerto y nada ha cambiado, todo sigue igual desde que el mundo es mundo» (1Pe 3,4). Y entonces, como suele sucedernos también a nosotros cuando después de años de compromiso, de esperanzas decepcionadas, de caminos de fe lanzados hacia delante, nos parece que nada cambia ni dentro ni alrededor de nosotros, muchos dejan apagar la esperanza de la vuelta del Señor y retoman su vida de antes.

A medida que pasan los años y esta vuelta de Jesús no sucede –es decir, el Esposo se demora–, algunos cristianos comienzan a desanimarse: Jesús ha resucitado, pero nosotros seguimos aquí... con nuestros problemas, nuestras dificultades, las enfermedades, las guerras, las cosas de siempre. ¿Cómo es que el Esposo no consigue liberarnos definitivamente del mal y de la muerte? Cuando esta desilusión se hace espacio, lenta y gradualmente se vuelve a las cosas de antes y de siempre, mientras nos dejamos acariciar de nuevo por las seducciones del mal. El sueño del espíritu siempre nos hace regresar, tal vez incluso en pequeñas dosis, a una vida la mayoría de las veces simplemente insípida y superficial, a menudo sazonada también con pensamientos, acciones y decisiones perversas.

Precisamente para hacer sonar las alarmas y volver a llamar a estas personas cuya lámpara de fe va apagándose, Mateo propone esta parábola y responde así: el regreso de Jesús no es inminente, no sabemos ni el día ni la hora. Pero esto no debe desanimarnos; estamos seguros de que él vendrá. Mientras esperamos, debemos cultivar el deseo de él, alimentar la llama de la esperanza, estar atentos para descubrir los signos de su presencia en nuestra historia diaria, sin dejarnos sorprender por el sueño, obrar con caridad para agregar aceite a esa lámpara que él ha venido a encender en la tierra.

Esta es la sabiduría que hay que cultivar: vivir todo, todos los días y todas las cosas, pero sabiendo dirigir la mirada del corazón y la práctica de la vida a lo que realmente importa, a lo esencial, al encuentro con el Señor. Hoy Él se manifiesta en las cosas caducas y frágiles de nuestra vida terrenal y de nuestra carne, pero esto es preludio de su retorno y del encuentro final que tendremos con Él. Necedad es no darse cuenta de esto, dejar de esperar la venida de Dios a nuestra vida, dejar de buscarlo creyéndolo casi siempre distraído o ausente; es vivir en las sombras, dejando que se apague la llama de la fe y del amor.

Las cinco muchachas prudentes tienen aceite en la lámpara. Es decir, mientras se espera al Esposo, no están inactivas. Esperan, luchan, miran hacia delante y en todo buscan la presencia de Dios y su Palabra. Se trata, pues, de una espera activa: las cinco muchachas representan a los cristianos que, mientras esperan su venida, caminan al encuentro del Esposo, lo desean, lo buscan, lo encuentran desde ahora, viven el Evangelio. Es decir, nutren el don recibido que es el Espíritu Santo, ese aceite que es la presencia de Dios en nosotros y que arde en la lámpara de nuestra vida. Aceite que arde y que quiere hacernos arder de pasión, de entusiasmo y de amor.

Las muchachas simplemente esperan. Quien espera tiene la lámpara de la vida siempre encendida. Aun cuando sopla el viento y cae la lluvia, la llama no se apaga porque sabe que no está sola en el camino; los que esperan saben que han sido creados para encontrarse con el Señor, que es plenitud de vida, y por eso caminan a su encuentro con Él, es decir, saben que esta vida suya no es inútil, ni carece de sentido. No se rinden nunca a la noche, porque saben que también en medio de la noche puede llegar el Esposo y encender una luz nueva. Si caen, se vuelven a levantar y reanudan el camino con más energía que antes, animados por una fuerza que no viene de ellos, sino de arriba. Cuando alcanzan alguna meta, no se acomodan en la presunción, sino que siempre siguen buscando, preguntando aún. Tienen certezas y, sin embargo, permanecen abiertos a las sorpresas de la vida y a la creatividad de Dios, porque saben que su vida no termina en el pequeño círculo de las propias cosas o problemas, sino que es siempre un tesoro que hay que descubrir.

Si hay una pregunta que deberíamos hacernos en la vida es esta: ¿Quién ha apagado la luz? Hay situaciones, acontecimientos, gestos, palabras, que pueden matar la esperanza y apagar nuestro entusiasmo por continuar. También hay momentos históricos turbulentos y difíciles que amenazan con dejarnos a oscuras. Pero es en ese momento cuando nos llega la palabra de la fe para volver a abrir en nuestra vida una ventana por la que mirar más allá. Nos susurra: «Ya está aquí el esposo: salid a su encuentro» (Mt 25,6). Quien espera es así: sale de sus propios espacios, incluso en medio de la noche, al encuentro del esplendor de un abrazo. Cuando salimos del vientre de nuestra madre fuimos al encuentro de la vida. ¡Ahora no podemos detenernos!

A veces puede que nos parezca que no tenemos nada, después de todo estas cinco muchachas solo tienen un poco de luz mientras todo alrededor es oscuridad. Esto es suficiente para hacer que esperen al esposo con esperanza y con alegría. No empiezas a vivir cuando lo tienes todo ni cuando tienes todas las cosas en su lugar. Te basta tener dentro un poco de luz, que nunca debes apagar, y puedes partir.

Se trata también de una invitación a no dejarse perder el momento justo: cuando el esposo llega, ¡las cinco doncellas insensatas ya no están! Faltan a la cita. Debemos estar atentos, vigilar para no faltar a las citas importantes de la vida; por eso, debemos preparar todo cuidadosamente y construir en el tiempo las cosas importantes, porque serán motivo de alegría. La esperanza nos dice: ¡No vivas arrastrando la vida! No pospongas la cita con la vida. No elijas siempre mañana, dejándote robar el presente. Las cinco muchachas insensatas representan a esos cristianos que en un primer momento se entusiasman y después se rinden. Se han olvidado de Dios y viven su vida como si Dios no existiera. Perdido el entusiasmo de la fe y nuevamente absorbidas por las cosas de todos los días, su lámpara se ha apagado, es decir, su vida ha dejado de arder.

¿Quién entrará, pues, al banquete del Esposo? ¿Quién puede hacer de su vida una fiesta? ¿Quién vivirá el futuro, el de su propia vida y el de más allá de esta vida? Solo quien no deja que el aceite de su lámpara se apague. Quién desde ahora acoge a Jesús resucitado y le permite transformar su corazón. Quien lo busca, pero sobre todo quien lo espera siempre en el agitado bullicio de los días cotidianos. Como escribía don Tonino Bello:

> La verdadera tristeza no es cuando, por la noche, no te espera nadie cuando regresas a casa, sino cuando ya no esperas nada de la vida. Y la soledad más negra la sufres no cuando encuentras el hogar apagado, sino cuando ya no lo quieres encender. Cuando piensas, en resumen, que la música se ha acabado. Y los juegos ya están hechos. La vida entonces transcurre aburrida hacia un epílogo que nunca llega.

Si nuestra vida es como una lámpara encendida que desafía la noche del egoísmo, del mal, de la indiferencia, del dolor, de tantas cosas que no funcionan y que ahora mismo nos gustaría cambiar, pero sobre todo la noche de la resignación y de la desilusión, entonces recibiremos del Señor plenitud; pero si nos falta el fuego, entonces ya estamos muertos y llevamos una vida apagada, vacía, sin sentido y sin dirección. Vivir encendidos o vivir apagados, esa es la cuestión. Ser de los que todavía buscan, esperan, sueñan, construyen, se esfuerzan, o bien de los que ya no buscan y ya no esperan nada más de la vida; ser de los que viven la vida con el fuego de la pasión y el entusiasmo, o bien ser llamas mortecinas.

Nos toca solo a nosotros decidirlo. Las muchachas prudentes no dan aceite a las necias porque ningún otro puede decidir por ellas. Esta decisión, por mucho que podamos apoyarnos unos a otros, tenemos que asumirla nosotros mismos, en lo íntimo de nuestro corazón. Nadie puede sustituir el fuego que arde dentro de mí, tengo que preocuparme yo. Nadie puede alimentar mi lámpara con otro aceite que no sea el mío, ese que el Espíritu me ha dado a mí. Y así, la vida espera una respuesta personal que solo yo puedo dar: ¿Cómo quiero vivirla? ¿Cómo la quiero emplear?

Cada uno de nosotros está llamado a inventar una buena respuesta.

Reconciliación

Apesar del apogeo del progreso moderno y los avances de todo tipo que tenemos a nuestra disposición, la sociedad en la que vivimos no es suficientemente segura, sino que, al contrario, está marcada por conflictos, divisiones y violencias de diverso género. Muchos pequeños hogares encendidos por las resacas del rencor, del odio y del prejuicio corren el riesgo de estallar en nuestras relaciones interpersonales, en los rincones de nuestras ciudades y de la sociedad, mientras que en algunas partes del mundo esos hogares ya se han vuelto auténticos focos de conflicto y violencia. Pero, por otro lado, sería un error pensar que las causas de una sociedad en conflicto reside solo en situaciones y condiciones estructurales de injusticia o de odio, que también existen; a pesar de que muchas personas son víctimas de conflictos, desencadenados por tratos injustos o por circunstancias, por así decirlo, «externas» a su persona, sigue siendo de gran clarividencia la mirada con la que Jesús nos invita a mirar las situaciones oscuras de nuestra vida y de nuestra sociedad: «Del corazón del hombre, proceden los malos pensamientos, las fornicaciones, robos, homicidios, adulterios, avaricia, maldad, engaño, desenfreno, envidia, blasfemia, soberbia y estupidez. Todas esas cosas malas salen de dentro y hacen impuro al hombre» (Mc 7,22-23).

Lo confirma lo que cada uno de nosotros vive y, sobre todo, lo que logramos ver dentro de nosotros cuando «hacemos la verdad». Descubrimos incluso sin demasiado esfuerzo, basta que lo queramos y que seamos honestos con nosotros mismos, que nuestro yo no está hecho solo de amor, bondad y buenos deseos; como afirmaba el psicoanalista Carl G. Jung, tenemos una estructura «bipolar», porque junto al amor y la bondad coexiste en nosotros un contenido de agresividad. No somos ni debemos ser perfectos, más bien debemos ser personas auténticas. En la autenticidad, igual que cuando nos reflejamos en el agua, vemos realmente quiénes somos y comprobamos numerosos conflictos y muchas heridas que en el transcurso de la vida acumulamos por culpa de los nudos no resueltos dentro de nosotros, del contacto con el mundo exterior, del entorno familiar o laboral, de las presiones e injusticias de nuestra sociedad.

Así aprendemos lo que escribe Jacqueline Morineau:

> Estar en conflicto es parte de la vida: no es ni bueno ni malo. El conflicto está, simplemente, y nosotros debemos aprender a transformar esta situación de ruptura entre dos individuos, dos grupos de personas, dos países, pero también con nosotros mismos. La violencia es una fuerza vital que habita en cada uno de nosotros, y es importante reconocer que está ahí, que se manifiesta cada vez que vivimos una experiencia de oposición.

Somos vulnerables y cuando tenemos miedo a mirarnos al espejo y a mirarnos dentro, intentamos escapar de esta realidad nuestra con todos los medios. Nos hemos equipado ingeniosamente, tanto con las máscaras personales que usamos para mostrarnos invencibles y maquillar la realidad ocultando nuestra fragilidad, como con los expedientes del consumismo y con el torbellino de actividades, que nos impiden pararnos y quedarnos con nosotros mismos. Sin embargo, escudarse ante la fragilidad del propio yo, huir de la verdad de nosotros mismos, tratar de echar en el olvido todas nuestras zonas grises y nuestros límites, bloquea el camino de nuestra vida y de nuestro crecimiento, convirtiéndonos en personas que, tarde o temprano, incluso en las situaciones menos predecibles, sacarán a relucir en forma de miedo, de ansiedad o de agresividad todo lo que han reprimido.

Para muchos de nosotros, todo conflicto es ya en sí algo negativo, inapropiado e inaceptable, tal vez porque nos obliga a enfrentarnos con la dimensión conflictiva de la realidad y con el mismo desorden que, muchas veces, existe dentro de nosotros. Pero, en realidad, no existe vida sin conflictos, sin crisis, sin situaciones de tensión. No hay que ser idealistas: ni siquiera personas que comparten los mismos valores o tienen una orientación similar en cuestiones religiosas o políticas viven sus relaciones sin conflictos. Y, por otro lado, los conflictos y las crisis conllevan evoluciones y crecimientos importantes.

Tenemos, por lo tanto, necesidad de reconciliación. De sanar las heridas internas que llevamos dentro y acoger con ternura al niño herido que siempre vive dentro de nosotros. Necesitamos mirar a la cara los conflictos de la vida, las relaciones más complejas, los lazos que se están deshilachando o que, por múltiples motivos, se han roto. En la relación con Dios y en la relación con nuestros semejantes, también existen conflictos, distancias, ángulos diferentes, matices complejos. Esto no debería endurecernos ni asustarnos. Necesitamos reparar y tejer de nuevo el mosaico de la armonía, del diálogo y del amor, sin ceder a los sentimientos de culpa, al victimismo o a la violencia ideológica que nos hace pensar en el mundo como si estuviera dividido en blanco y negro y nos impide captar las numerosas gradaciones y tonos del vivir.

Es importante dejarnos alcanzar por la palabra de la fe, que pretende operar dentro y alrededor de nosotros, para reconstruir lo que se ha roto. Necesitamos llegar a ser, en el camino de la vida, personas reconciliadas con Dios, con nosotros mismos y con los demás, pero también con la vida y con la realidad que nos rodea. Y tenemos el cometido de convertirnos en personas que saben «ponerse en medio», es decir, ser intercesores, capaces de ser mediadores, conciliadores, pacificadores, constructores de puentes en lugar de muros.

Solo el amor cura

Sin embargo, ¿qué significa la palabra «reconciliación»? En latín significa «volver a llamarse», es decir, llamarse de nuevo después de que, tal vez, se ha creado una distancia. Y si dos están distantes y se acercan de nuevo, hay tanta tensión por el duro momento vivido y la emoción por la amistad que vuelve a florecer, que se necesita un gesto capaz de sancionar esa reconciliación. Generalmente es un abrazo, incluso a veces la gente llora.

He aquí la reconciliación. Es una realidad a través de la cual Dios nos dice que no son los reproches, ni las reglas, ni los esfuerzos los que sanan la vida. La vida solo se cura con un abrazo. Porque solo el amor cura. En el centro del mensaje cristiano, de hecho, está el anuncio asombroso de un exceso de misericordia, que viene a sanar y a sostener nuestro camino: Dios te ama con un amor que va más allá de toda medida, más allá de tus méritos, más allá de tus fragilidades. Un amor que entra también en el conflicto y está en medio realizando la paz y derribando muros de separación. Por eso, la exhortación de san Pablo: «En nombre de Cristo os rogamos: reconciliaos con Dios» (2Cor 5,20). A diferencia de nosotros, Dios no hace sermones ni pone cargas sobre nuestros hombros; Él quiere solamente echarnos los brazos al cuello, como nos describe magníficamente Jesús en la parábola del hijo que vuelve a casa después de haberse alejado.

En realidad, nosotros cultivamos una imagen negativa de Dios: seguimos repitiendo que Dios es amor, pero, a fin de cuentas, en la vida diaria, lo que importa es si estamos en pecado o en gracia, si somos «buenos cristianos» o no, si hemos sellado el carnet de creyente o no. A menudo, viviendo con estos lastres, que no raramente nos asfixian bajo el peso de diversos sentimientos de culpa, nos perdemos la alegría del Evangelio y el gozo de la fe. La Palabra de Dios, en cambio, nos habla del pecado no para hacer moralismo inútil o para decirnos que somos malos, sino para comunicarnos una verdad fundamental de nuestra vida: somos finitos. Somos frágiles. No somos omnipotentes porque ninguno de nosotros es Dios.

Contra todo delirio de omnipotencia, que nos hace pensar en el hombre como algo que, si se programa bien, produce los resultados esperados, la Palabra de Dios nos dice: tu verdad es la finitud, es la experiencia de la pobreza, de la fragilidad, de un proceder incierto. Y lo maravilloso es que dentro de esta incertidumbre, Dios ha venido, viene a buscarte, te ama con un amor que quiere hacerte brillar con luz incluso en medio de muchas oscuridades. Este es el anuncio del evangelio que Jesús nos entrega: Dios se ha hecho cercano. Y, por eso, reconcilia. Se acerca y por eso anula distancias. Y acercándose une lo que está roto, sana lo que está herido. Por lo tanto, en el centro de la fe no está el pecado, sino el anuncio de algo extraordinario: «Dios está por encima de nuestra conciencia» (1Jn 3,20). Y tú eres amado.

No es casualidad que el evangelista Lucas, antes de contar las parábolas de la misericordia, en el capítulo 15, haga una premisa; los escribas y los fariseos afirman: «Este acoge a los pecadores y come con ellos» (Lc 15,1-2). Es decir, el evangelio invierte nuestra imagen de Dios y el modo habitual y tradicional que tenemos de entender la relación entre culpa y perdón; nosotros pensamos que Dios es un contable, uno que pesa nuestros errores en la balanza, que nos vigila cuando fallamos y que, aunque nos perdone para darnos siempre una oportunidad, al final de la vida nos presentará una factura. Él habrá registrado todo y tendremos que rendir cuentas.

Jesús nos da, especialmente con estas tres parábolas, una noticia impactante: ¡Dios no es como tú piensas! Efectivamente, está con la gente de mala reputación, no con los buenos y los puros. Está junto a los culpables, con los que no observan las reglas, con quienes rompen la paz social, con las prostitutas y con los cobradores de impuestos, con aquellos que no son del pueblo de Dios. Jesús va a su encuentro, los acoge, come con ellos, porque quiere mostrar el verdadero rostro de Dios: que no es un quisquilloso, irritable o vengativo, sino un Dios bueno, rico de gracia y de amor. Porque el contenido de la fe cristiana no es la culpa, sino el amor que se pone en buscar a los que están perdidos. Es la gran alegría del pastor que encuentra su oveja, de la mujer que halla su moneda perdida y de la fiesta en casa que el padre organiza para el hijo encontrado. Señales de cambio: es Dios quien se compromete a salvar la distancia, a reconciliar.

Si soy amado, lo sigo siendo incluso en el error y en la culpa. La culpa es un accidente que no pone en riesgo el plan que Dios tiene para mí y, por eso, Él, que me ama desde siempre, si caigo o me pierdo viene a buscarme. Así, en palabras del Papa Francisco:

Nada de cuanto un pecador arrepentido coloca delante de la misericordia de Dios queda sin el abrazo de su perdón. Por este motivo, ninguno de nosotros puede poner condiciones a la misericordia; ella será siempre un acto de gratuidad del Padre celeste, un amor incondicionado e inmerecido. No podemos correr el riesgo de oponernos a la plena libertad del amor con el cual Dios entra en la vida de cada persona [...]. La misericordia *renueva* y *redime,* porque es el encuentro de dos corazones: el de Dios, que sale al encuentro, y el del hombre. Mientras este se va encendiendo, aquel lo va sanando: el corazón de piedra es transformado en corazón de carne (cf Ez 36,26), capaz de amar a pesar de su pecado. Es aquí donde se descubre que es realmente una «nueva creatura» (cf Gál 6,15): soy amado, luego existo; he sido perdonado, entonces renazco a una vida nueva; he sido «misericordiado», entonces me convierto en instrumento de misericordia *(Misericordia et misera,* 2 y 16).

El endemoniado de Cafarnaún (Mc 1,23-28)

Después de pasar por la casa de Simón, Jesús continúa su camino. Hace poco que ha comenzado su misión y está predicando por pueblos y ciudades. El evangelista Marcos, que es el más breve, resume todo el anuncio del evangelio en la primera y concisa afirmación de Jesús: «El reino de Dios está cerca. Arrepentíos y creed en el evangelio» (Mc 1,15). Inmediatamente después, mediante el encuentro con la historia real de una persona que sufre, Jesús nos hace ver plásticamente esta cercanía de Dios. El evangelio no es un conjunto de palabras bonitas, sino un hecho que te cambia la vida: la proximidad de Dios que te libera del mal. Más concretamente, en Dios la palabra coincide con la acción, es siempre una palabra creadora que se anuncia como liberación del mal; al mismo tiempo pone un gesto real para que esta liberación se produzca.

Se puede ver, en efecto, cómo al comienzo de su evangelio, Marcos nos presenta una jornada típica de Jesús, que suele llamarse «la jornada de Cafarnaún». Siguiendo a Jesús en una jornada normal, podemos captar su enfoque con respecto a la vida. El cardenal Martini ofreció sobre este tema algunas reflexiones especialmente esclarecedoras, delineando el modo como Jesús gestionaba su tiempo, las prioridades que él escogía para disfrutar, su libertad en la gestión de los días y las relaciones para no ser simplemente esclavo de las circunstancias. Y el cardenal afirma que, especialmente, los evangelios nos muestran cinco aspectos a los que Jesús parece dar prioridad: el cuidado de los enfermos, la predicación del Reino, los encuentros, la oración y la amistad. Son aspectos que resumen la buena noticia del evangelio: Él ha venido a anunciar y a traer la amistad de Dios, que nos sana de todas nuestras enfermedades.

Una jornada típica en Cafarnaún, entonces, nos hace ver una especie de «modelo», un ejemplo de cómo Jesús vivía su día, para darnos a conocer en qué consiste su obra. Y se ve claramente: Jesús enseña, es decir, anuncia la Palabra, y luego sana, es decir, libera al hombre del poder del mal. Se trata de dos acciones que en Jesús están estrechamente relacionadas: cuando Dios habla, crea. Cuando dice, hace. Cuando pronuncia su Palabra, inmediatamente realiza lo que está diciendo.

Este no es nuestro caso: decimos muchas cosas, pero a menudo no logramos que las acciones coincidan con lo que decimos. Nuestras palabras a veces son excesivas, a veces pequeñas, a veces demasiado ideales, a veces expresan proyecciones y de-

seos o bien desencanto, ira y desilusión. Y, al mismo
tiempo, nuestras opciones, las acciones, los gestos
de la vida diaria a menudo son más pequeños que
nuestras palabras, y a veces no son fieles a nuestros
propósitos. Esta es la distancia que llevamos dentro, una herida, una fragmentación que nos gustaría
que estuviese reconciliada. No es casualidad que el
endemoniado sea un hombre dividido: diablo significa división. Dice san Pablo: «Yo sé que en mí,
es decir, en mis bajos instintos, no hay nada bueno,
pues quiero hacer el bien, y no puedo. No hago el
bien que quiero, sino el mal que no quiero: eso es
lo que hago» (Rom 7,18-20).

Esta situación nos pertenece desde lo profundo
y pone en evidencia la coexistencia del bien y el
mal. El contexto del pasaje nos lo hace entender:
el endemoniado está dentro de la sinagoga, que, sin
embargo, era un espacio sagrado. Y, por lo tanto, es
un hombre que ora, un hombre religioso. Por eso,
también aquí tenemos un espacio sagrado que ha
sido violado, que alguien ha traspasado: el hombre poseído porque ha entrado en él, Jesús porque
se acerca y se dirige a él. Por lo tanto, el evangelio
nos hace mirarnos de una manera nueva a nosotros mismos, a los demás y a la realidad: no existe el

«todo blanco» o «todo negro», todo puro o todo impuro, todo santidad o todo pecado.

En el campo de nuestra vida y del mundo en que vivimos, el buen trigo existe *junto con* la cizaña, la luz ofuscada por la oscuridad, la fidelidad amasada con la infidelidad, la generosidad amenazada por extremos de egoísmo. Y a veces estos aspectos, tan antitéticos, conviven en nosotros de manera tan entrelazada e imperceptible, que ni siquiera nos damos cuenta. La tarea del hombre espiritual no es alcanzar la pureza ni la perfección, sino discernir dentro del río de la propia vida qué es agua que corre y qué es, en cambio, obstáculo que impide su flujo.

Mientras habla en la sinagoga, Jesús distingue una voz que le importuna; es una voz que vocifera, que quisiera obstaculizarlo, que grita con prepotencia: «¿Qué tenemos que ver contigo?», ¿Has venido a perdernos? Este es el corazón del pasaje evangélico: la curación que Jesús realiza, en efecto, consiste en silenciar esa voz con una orden autoritaria: «Cállate y sal de él». En nuestra vida hay muchas voces que intentan alejarnos de Dios, de nosotros mismos y de los demás; voces que nos perturban y que quisieran obstaculizar el bien y nuestro crecimiento.

Hay voces que ciertamente perturban nuestra relación con Dios. La inesperada e impresionante noticia de su hacerse cercano a nosotros con el don de un amor gratuito, a menudo se hace añicos en contacto con la desnuda realidad que vivimos dentro de nosotros y a nuestro alrededor. Y entonces una voz dice: ¿Pero qué tiene que ver este Dios con mi vida cansada de todos los días? ¿Pero será verdad? ¿Pero si me equivoco me castiga? Pero, ¿por qué no me escucha, aunque le rezo? ¿Y por qué no interviene?

Sin embargo, no son estas las peores voces que demandan espacios dentro de nosotros. Estas preguntas pueden ser aún signo de una inquieta búsqueda humana y espiritual y son, en el fondo, preguntas que encontramos en los pliegues de las páginas bíblicas, en forma de oración y de grito, en los Salmos y en boca de muchos profetas.

Las peores voces, en cambio, son las que se alzan dentro de nosotros como espíritus impuros y nos atormentan, como le pasa a este hombre en la sinagoga. Son voces que se abren camino en nosotros lentamente, incluso sin que nos demos cuenta y que, poco a poco, nos llevan hacia la peor condición de nuestra vida: la de no estar reconciliados con nosotros mismos, no sentirnos en casa, no lograr aceptarnos, amarnos y abrazarnos tal como somos. Nos llevamos dentro el lamento y tal vez la violencia de una voz sutil, a veces imperceptible, que acompaña los pasos y las experiencias de la vida y de la fe, infundiéndonos un veneno mortal: «No puedes conseguirlo», «no eres digno», «no eres capaz», «es seguro que irá mal», «mejor dejar las cosas como están». Estas voces dan lugar al miedo, al desánimo, a la depresión, que surge de no sentirnos amados.

Otras voces nos quieren convencer de que nuestra felicidad está en las cosas que poseemos: «Tienes que ganar», «tienes que ser el primero», «tienes que vencer siempre», «debes tener éxito». Otras voces contaminan también nuestras relaciones: «No me quiere», «no me ama», «es malo», «piensa mal de mí». Y crecen en nosotros las sospechas, las envidias, las desconfianzas y el odio.

Y frente a este río sumergido que llevamos dentro, unas veces de manera silenciosa y otras con gran ruido, destaca la actitud autorizada, libre y severa de Jesús. Él reconoce la voz del endemoniado que le importuna y la ahuyenta. Ahuyentar las voces negativas, que nos condicionan y envenenan, es un importante ejercicio espiritual que contribuye a nuestra higiene interior. Jesús nos dice: «No alimentes las voces negativas que hay dentro de ti», «no les des espacio», «no las agigantes», «no dejes que te posean». Más aún, «establece fronteras, detenlas, tenlas fuera»: «¡Cállate y sal!». Jesús silencia la voz que le importuna, la pone en su lugar en vez de darle el primer lugar.

Es curioso observar en los evangelios cómo, a menudo, el diablo dice la verdad. Obviamente lo dice para engañar y, por lo tanto, para propinar después una gran mentira, pero mientras tanto es capaz de reconocer quién es realmente Jesús y precisamente por eso intenta obstaculizarlo. En este episodio que tiene lugar en la sinagoga, el endemoniado pregunta a Jesús si ha venido a arruinarnos. Es verdad: Jesús ha venido a arruinar todo lo que el espíritu impuro construye dentro de nosotros; ha venido a arruinar lo que destruye al hombre; ha venido a derribar nuestras prisiones y a liberarnos. Y todos quedan asombrados por esta autoridad de Jesús: su palabra, su presencia, sus gestos, son autorizados por una sola razón: están dirigidos al hombre y a su liberación.

Son palabras y signos que realizan una acción que salva del mal. Son huellas de la presencia de Dios, que ahora se ha hecho realmente cercano. En efecto, la palabra de Jesús tiene autoridad porque, mientras es pronunciada, realiza un beneficio a quien la escucha, mostrándose creíble y veraz. ¿Qué palabra, de hecho, tiene autoridad? Como afirma Alessandro Pronzato:

> Quisiera decir que hay una manera segura de comprobar si viene de arriba: comprobar si va hacia abajo, es decir, en dirección al hombre, como elemento de liberación y crecimiento, y no de poder y de manipulación.

La palabra de Jesús expulsa en nosotros esa voz mortal y devastadora que quiere anular la voz del Espíritu. La palabra de Jesús es Palabra que hace callar el mal en nosotros, que ahuyenta lo que se opone a la voz del Espíritu, que libera, sana y transforma el corazón.

Hoy, más que nunca, estamos llamados a entrar en la sinagoga de nuestro corazón. Aquí está la presencia de Dios, que se esconde y se revela en medio de nuestras fragilidades, de nuestras cerrazones, de nuestras debilidades. Aquí descubrimos que somos luz y tinieblas, que estamos abiertos al infinito y cerrados en nuestros pequeños miedos o inseguridades. Aquí descubrimos que somos lo eterno, pero también lo opuesto. Aquí tocamos con la mano la distancia que nos desgarra y experimentamos la gracia de Dios y de nuestro pecado. Aquí podemos oír todas las voces negativas que se agitan en nosotros y, abriendo nuestras puertas a la presencia de Dios y a la palabra del evangelio, podemos oponer a ello buenas palabras. Palabras que liberan y salvan, palabras que hacen callar al mal, palabras que alientan y elevan.

Cuando hayamos reconocido las voces que nos bloquean, entonces podremos volver a empezar. En ese momento podremos comenzar de nuevo, confiando estos poderes negativos a Aquel que tiene el poder de reconciliarme conmigo mismo, de perdonarme, de curar las heridas, sobre todo de hacer callar lo que quiere humillarme.

En la oración, cada uno de nosotros puede decir con sencillez: «En el nombre de Jesús, el Señor, cállate y sal de mí». Y comenzará un camino de transformación.

Transformación

El cardenal John Henry Newman afirmó que «aquí en la tierra vivir es cambiar, y la perfección es el resultado de muchas transformaciones». Son palabras sencillas e incisivas, que nos invitan a mirarnos a nosotros mismos, a la realidad que nos rodea y al misterio de la vida saliendo de la situación estática y de inmovilidad: la vida no es un museo donde colocar y conservar, sino un río que fluye, un camino que hay que recorrer, un viaje que hay que hacer, un paraje que hay que atravesar. Y en este lento, pero progresivo caminar, todos los días dejamos a nuestra espalda y bajo el polvo de nuestros pies lo que hemos acogido, encontrado y experimentado, para abrirnos a nuevos horizontes, recorrer otros mares, visitar otros lugares. Así sucede también en la vida del espíritu, de la que el gran teólogo Henri De Lubac decía: «Pararse es simplemente imposible».

Gran enseñanza de Jesús, que se dirige al corazón de la vida: lo que no cambia, se corrompe; lo que no se transforma se vuelve fijación, ideología, rigidez. Por eso se llega a ser persona solo cuando se permanece en camino, se crece, se arriesga la vida y se asume la tarea de tomar opciones decisivas, con el coraje de quien sale de sí mismo, cruza las fronteras, mira adelante hacia el futuro y, por lo tanto, no sigue siendo prisionero de las costumbres.

La costumbre, esta peligrosa enfermedad del alma, que puede paralizar el espíritu y su creatividad, nos pertenece. A veces es simplemente inevitable, y otras veces es incluso necesaria para no vernos obligados a redefinir cada día las actividades normales de nuestra vida ordinaria; pero es cierto que sigue siendo como el contrato que firmamos contra nuestra libertad, lo que nos puede convertir en esclavos, la cadena más difícil de romper, la mesa de juego de la vida más difícil de volcar. Romper con la costumbre, especialmente cuando los hábitos están arraigados en nosotros y nos encierran en la zona de confort y en la seguridad de «lo que hemos hecho siempre», es la revolución más difícil y más importante de nuestra vida.

Y, sin embargo, la costumbre es la cárcel que nos construimos nosotros mismos. La peor prisión muchas veces es la que nosotros mismos planteamos, con sus barrotes, dentro de nosotros y a veces deseamos entrar en ella para no ser más incomodados por el poderoso movimiento de nuestros deseos interiores, del otro que me incomoda, de un Dios que me provoca y, en general, del poderoso e imparable flujo de la vida.

Para retomar las sugerentes meditaciones del cardenal Martini sobre la vida de Moisés, podríamos decir que la costumbre, que genera la cesión al compromiso y el equilibrio de quien no se deja afectar, es el faraón que habita dentro de nosotros. El faraón, en efecto –afirma el cardenal– es un hombre amable, inteligente, hábil, que sabe tratar y sabe satisfacer las necesidades de los otros, por eso es atractivo; pero al mismo tiempo es un hombre lleno de condicionamientos, sobre todo por sus privilegios y por su posición. Entonces, dentro de nosotros, cuando estamos condicionados por nuestro rol, por la imagen que debemos exhibir exteriormente, por el juicio de los demás, nos dejamos seducir por la «amabilidad» de las costumbres y de los compromisos, que vienen a nuestro encuentro proponiéndonos una tregua, ofreciéndonos un cómodo lecho donde adormecernos tranquilamente, un anestésico del alma.

Se puede comprender que mantenerse arraigados en las propias certezas y alimentarse solo de las costumbres consolidadas es una forma de sobrevivir al impacto, a veces violento, de la vida. El riesgo, sin embargo, es que imprimir al propio camino esta dirección siempre igual, predefinida, exenta de la sorpresa de las incertidumbres, tarde o temprano conduce a nuestra alma *a acostumbrarse* a todo.

Nos acostumbramos a la mediocridad que puede asaltar nuestra vida, al poder de la rutina, a la cantidad de mensajes e impulsos que, de muchos sitios, se vuelcan todos los días en nuestras almas y con respecto a los que ya no activamos filtros críticos; nos acostumbramos a la vida tal como es, al hecho de que las cosas no pueden cambiar, a los ritmos que nos devoran. Nos acostumbramos al otro, al vecino que amamos, hasta el punto que ya no sabemos sorprendernos de su presencia; y nos acostumbramos a la degradación, a la violencia, a la guerra, a todo lo que podría invocar un salto de humanidad y de profecía y que, en cambio, se ha vuelto simplemente «normal».

Las costumbres son el mayor obstáculo para los cambios. Incluso aunque algunas de ellas sean importantes y nos ofrezcan cierta estabilidad, cuando echan raíces en nosotros y se convierten en una pared rocosa a la que nos aferramos con todo nuestro ser para no soltar nunca la presa, se convierten en la antecámara de todas nuestras rigideces y de nuestras fijaciones. Es como si nos encontráramos durante mucho tiempo en una habitación pequeña con una minúscula abertura hacia el exterior: mirando el mundo desde esa perspectiva tan estrecha, se termina por creer que al final eso es realmente así. Ampliar la visión, escuchar con docilidad lo que suena como nuevo para nuestra forma de ser y pensar, permitir que nuestro esquema habitual sea en cierto modo provocado y subvertido, es como abrir bien los ojos para verlo todo desde puntos de vista diferentes.

Y entonces comienza el cambio, la apertura a lo nuevo, la inesperada emoción del descubrimiento, el coraje de explorar nuevas costas. En ese momento dejamos tiempos y espacios dentro de nosotros mismos, porque se producen transformaciones y transiciones que impulsan nuestra vida hacia delante y la enriquecen de significados.

El coraje de cambiar

En el centro de la espiritualidad cristiana está la promesa de la bendición de Dios que, con su amor, quiere venir y transformar nuestra vida y el mundo en el que vivimos. Central, en la espiritualidad cristiana, es por eso el tema de la conversión: hacer experiencia del encuentro con Dios, para cambiar nuestra mirada sobre nosotros mismos y sobre la vida, para dejarnos transformar, para eliminar la vieja levadura y convertirnos en personas nuevas que renuevan el mundo y sanan las heridas de la historia.

Cada vez que la fe pierde esta dinámica interna, esta actitud de poner en camino y de animar el viaje, esta capacidad de provocar cambios, ya no es fe cristiana. Tal vez sea una religiosidad dulzona, que acaricia y consuela a los asustados; tal vez sea una espiritualidad idílica, desencarnada, que sosiega el espíritu y da paz, pero no pincha, no incomoda, no provoca terremotos de ningún tipo y, al final, lo deja todo como está. La fe cristiana, en cambio, activa las dinámicas de la conversión: el coraje de cambiar.

Es bueno volver a la palabra «transformación», para captar sus diferentes matices, más amables y menos violentos, respecto a lo que comúnmente entendemos por «conversión», y a las connotaciones que esta palabra ha ido adquiriendo con el tiempo, dentro de las limitaciones de cierto lenguaje eclesial o moralista.

Incluso en el corazón de la Escritura, cuando se narra la experiencia del pueblo con el misterio santo de Dios, se da la transformación, el cambio. El salmista reza: «Tú has cambiado mi luto en alegría» (Sal 30,12). Y por estas palabras se comprende que el camino de la fe es una permanente transformación de nuestra vida.

Esta palabra es poco utilizada en nuestro lenguaje, en la catequesis y en la misma predicación cristiana, pero contiene aspectos especialmente ricos, sobre todo por su afinidad con la palabra «conversión» y, al mismo tiempo, por la diversidad que la distingue. Cuando hablamos de «conversión», en el sentido evangélico del término, nos referimos a un «cambio de mentalidad», por lo tanto, a «cambiar la dirección de nuestra vida». El haber insistido en aspectos marginales de la vida moral, en el contexto de vicios y virtudes, a veces ha transmitido la idea de que convertirse significa, en cambio, hacer todos los esfuerzos necesarios –con ascetismos y varias prácticas– para erradicar algo malo dentro de nosotros.

No se quiere negar que también esta tarea forma parte de un proceso de conversión, pero es necesario centrar bien el tema: la conversión es, ante todo, empezar a mirar la propia vida desde la perspectiva de Dios y desde el ángulo de su Palabra, cambiando, pues, la forma de pensar, cambiando la visión, es decir, cambiando la forma de vernos e interpretarnos a nosotros mismos, las cosas de cada día, la vida de los demás, el camino general de nuestra existencia. Es este cambio el que luego implica –y a veces produce de forma natural– una modificación de nuestra forma de ser, de nuestras acciones, de nuestras opciones, de nuestras actitudes básicas.

Por eso, a decir verdad, la impresión que se tiene es que los mismos creyentes reciben la palabra «conversión» como una especie de piedra que se les lanza. Palabras como «conversión», a fuerza de utilizarlas y a veces de interpretarlas mal, de hecho, se han vuelto contraproducentes. Lo primero que piensa la gente es esto: «Yo no estoy bien, hay algo en mí que no funciona y, por lo tanto, para ser buena persona y buen cristiano, tengo que cambiar».

Pero semejante convicción puede ser dañina para la serenidad de la vida espiritual y psíquica, e incluso contraproducente para el camino de la fe. Pensar –aunque sea solo implícitamente– que no se está en orden, que de alguna manera se está equivocado, hasta llegar al punto de no lograr aceptar las propias fragilidades y las propias zonas grises, significa expresar un juicio negativo sobre la propia persona y la propia vida. Pero el corazón de la buena noticia –que de otro modo no sería en absoluto buena– es todo lo contrario: «Soy amado, soy hijo, soy bienvenido, soy imagen de Dios. Entonces, ¿cómo puedo juzgarme tan negativamente?».

Asimismo, el «tengo que cambiar», que sigue a ese juicio de valor, es un imperativo moral que tiene todo el peso de un yugo nada ligero, como el que Jesús nos prometió. Es una especie de obligación que me viene del exterior, que me pesa, que se apoya en mi esfuerzo y en mi deber y, en definitiva, me empuja a la violencia contra mí mismo.

¿Estamos seguros de que la palabra cristiana de la conversión significa esto? Cuando el Señor me invita a la conversión, ¿me está diciendo que no estoy bien, que estoy equivocado y por lo tanto tengo que cambiar?

También sobre esta palabra, en fin, necesitamos descubrir la buena noticia del Evangelio. Porque la fe cristiana, con la palabra conversión y cambio, quiere decir algo diferente: no que tú estás equivocado, que tienes que cambiar, sino más bien que «tú eres mucho más, déjate transformar». San Agustín tradujo esta idea, afirmando que nuestro corazón está hecho para Dios, por tanto, para algo grande, para una vida plena, para una alegría infinita, para la eternidad. Y esta es la sana inquietud que llevamos dentro. Pero al mismo tiempo, muchas cosas, dentro y fuera de nosotros, nos impiden hacer este viaje, lo obstaculizan, lo ralentizan. El mensaje, entonces, es este: «No te conformes, no bajes la guardia, no te acostumbres tomando la forma de lo que eres y de lo que vives como si fuera lo mejor posible: tú eres mucho más, ¡déjate transformar!».

¿Qué es la fe? Acoger a Aquel que cree en ti y, para hacerte llegar más lejos, te transforma el corazón y te cambia la vida: Jesús, no hay nada más.

Cuando acogemos al Señor en nuestra vida, es Él quien nos transforma desde dentro, sin violencia, acompañándonos con dulzura, tomándonos de la mano, respetando nuestros tiempos. Dios no fuerza nada y nos hace progresar lentamente. Nuestros límites los acaricia, los acoge y poco a poco los transforma. Por eso, caminar en la fe no es más que dejarse transformar por el Espíritu Santo para llegar a ser cada día la imagen brillante y maravillosa que Dios tiene de mí. Y vivir plenamente.

En lo que a menudo entendemos por «cambio» hay, por lo tanto, un componente de violencia y agresividad, mientras que la transformación es un proceso más suave; cuando creemos que tenemos que cambiarnos y modificarnos continuamente a nosotros mismos, detrás de esta idea está la convicción de que, así como estamos, no vamos bien. Transformar, en cambio, significa: todo en mí tiene derecho a existir, incluso mis pasiones, mis enfermedades, mis fragilidades; me aprecio por como soy. Sin embargo, siento también una profunda nostalgia por algo más, existe en mí el deseo palpitante de algo que me satisfaga y me quite el hambre, llevo en el corazón unos sueños sobre mí, me doy cuenta de que hay muchos dones encerrados dentro de mí y de que todavía no soy completamente la persona que podría ser. «Cambiar» es ser otra persona: nada más equivocado; «transformar», en cambio, es ser más plenamente yo mismo, porque, mientras me transformo, incluso mediante cortes radicales, en realidad me acerco a lo que más corresponde a mi yo más auténtico.

Cuando me abro a la transformación que Dios quiere obrar en mí, no pretendo tener todo bajo control: me abro a la confianza en que todo tiene sentido y que, si soy dócil, el Señor me plasma, me moldea, me transforma, también a partir de mis límites.

La vida cristiana –como nos recuerda frecuentemente el Papa Francisco– no es una vida perfecta, estática, en la que todo está ordenado; sino que, por el contrario, es una vida inquieta porque cambia cada día, se convierte cada día, se transforma cada día. Porque, como dice el escritor John Augustus Shedd, «los barcos en el puerto están al seguro, pero no han sido construidos para eso».

Mirando las Escrituras, el tema de la transformación lo trata especialmente san Pablo, que escribe: «No os acomodéis a este mundo; al contrario, transformaos y renovad vuestro interior para que sepáis distinguir cuál es la voluntad de Dios: lo bueno, lo que le agrada, lo perfecto» (Rom 12,2). La antítesis que se crea en estas palabras es extraordinaria: efectivamente, transformación es lo contrario de conformación. Quien en la vida no cambia nunca y no se deja transformar, acaba por conformarse, por acomodarse, por tomar la forma de las costumbres y de la evidencia.

Cuando por comodidad, por pereza o por falta de libertad interior, vamos donde todos van, pensamos con la cabeza de los demás, dejamos que el entorno que nos rodea imagine la vida en nuestro lugar, elegimos según las indicaciones de la masa, entonces somos conformistas; el cristianismo, por el contrario, es inconformista. No por moda, sino solo porque cree que realmente vive de verdad quien no tiene miedo a cambiar. Liberarnos del miedo a cambiar, a desarrollar un pensamiento autónomo, a hacer opciones audaces y a contracorriente: para esto debería servir la palabra del Evangelio, este es el fuego que debería desencadenarse en nosotros.

Nos hace bien fijar en nosotros, a lo largo del camino, las imágenes de transformación que recorren las Escrituras, dejando que hablen a nuestras vidas. La imagen del mar transformándose en tierra seca cuando los israelitas tienen que cruzarlo, por ejemplo, nos dice que Dios transforma el peligro mortal en camino de salvación y, en efecto, mi más grave amenaza o situación de debilidad puede convertirse también en una experiencia de Dios y de vida nueva: todo cambio de mi vida, en efecto, requiere que algo muera; la roca, que es transformada por Dios en una fuente de agua al contacto con el bastón de Moisés cuando el pueblo está sediento, nos comunica cómo Dios intenta transformar siempre la rigidez de la piedra, que puede ser un símbolo de nuestro corazón endurecido; y para que se convierta en una corriente de agua fresca, imagen del Espíritu Santo, a veces es necesario «un golpe de bastón», es decir, que alguien o algo nos sacuda, nos despierte, venga a mover un poco nuestro corazón.

Incluso aquellos que comienzan a seguir a Jesús, convirtiéndose en sus discípulos, se dejan transportar por una aventura que los transforma: Mateo deja el banco de los impuestos, Pedro, Santiago y Juan dejan las redes. A veces, para transformar nuestra vida, hay cosas que debemos dejar, abrazando algo nuevo; del mismo modo, todos aquellos a quienes Jesús toca quedan curados, es decir su vida se transforma y su enfermedad se vuelve lugar de manifestación del amor de Dios, convirtiéndose en vida.

Jesús da vida a transformaciones que abren nuevos pasajes y nuevas posibilidades en la existencia de quienes encuentra. Y, antes de morir, transforma el pan y el vino para nosotros. En la Eucaristía sucede, aún hoy, el milagro de esta transformación: nosotros somos transformados y nos convertimos en cuerpo y sangre del Señor. Todo, en contacto con el misterio de Dios, nos lleva a preguntarnos: ¿Y yo? ¿Qué me gustaría que se transformara en mi vida?

El paralítico sanado (Mc 2,1-12)

Las historias de curación son episodios de transformación. El ciego, el leproso, el paralítico y el pecador son ejemplo de todos aquellos que, en contacto con Jesús, son transformados y sanados para una vida nueva. El anuncio del reino de Dios va acompañado de esos signos, que inauguran un mundo nuevo, en el que la carne del leproso es curada, los ojos del ciego se fascinan nuevamente con la luz y el paralítico salta al sol mandando a paseo su camilla. Es el mundo renovado y transformado que Dios inaugura en la tierra enviando a Jesús, el Mesías.

Entre estas historias hay una bastante curiosa, que se refiere a un paralítico sanado. En el evangelio de Marcos, este es el primero de un grupo de cinco relatos, que el evangelista narra para sacar a la luz un creciente encuentro-enfrentamiento: el encuentro con las multitudes, que se asombran y creen en él, y el enfrentamiento con las autoridades –escribas y fariseos– que, en cambio, no se dejan transformar por el encuentro con él, convirtiéndose ellos en los verdaderos «paralíticos». Este encuentro-enfrentamiento se puede ver bien en los detalles del pasaje, que nos narra una curación que tuvo lugar de una manera casi surrealista y ciertamente creativa.

El primer detalle se expresa mediante una sencilla anotación: «Le trajeron entre cuatro a un paralítico» (Mc 2,3). Quien está paralizado no puede moverse por sí solo, está obligado a apoyarse en otros de alguna forma, pero esta situación, en un mundo como el de hoy, que nos quiere fuertes y eficientes a toda costa, se ve como debilidad, y tal vez se vive con vergüenza. Un obstáculo para la transformación de nuestra vida, para que las cosas cambien, para que yo crezca, es esta determinación de poder hacerlo solo, cuidando también de hacer lo posible para que nadie vea mi fragilidad.

Desperdiciamos muchas energías intentando demostrar, por fuera, que todo va bien y que no hay grietas. Como bien ha escrito el monje benedictino Martin Werlen, a menudo nos sentimos tentados a mantener las fachadas deslumbrantes, incluso cuando detrás de ellas se esconde la podredumbre o algo que hay que cambiar. Deberíamos tener más cuidado de la vida que hay detrás de la fachada, en vez de mantener limpio solo el exterior. Este es el motivo por el que la primera anotación de este pasaje del evangelio se refiere a los cuatro amigos que ayudan al paralítico: las cosas empiezan a cambiar y sucede alguna transformación en nosotros cuando tenemos la humildad y el coraje de dejarnos acompañar por los otros, incluso pidiendo ayuda si es necesario. Un amigo, una persona de referencia, un guía espiritual, representan para mí los cuatro amigos que, cuando estoy paralizado, me llevan a Jesús, me conducen, me acompañan, luchan conmigo por mi cambio. Solos no podemos salvarnos a nosotros mismos: es una gran lección del cristianismo, que también podemos aprender de muchos acontecimientos de nuestra vida y de nuestra sociedad, entre otros la pandemia de Covid-19, que nos ha hecho experimentar de cerca el sentido extremo de la soledad y la muerte.

El pasaje del evangelio se hace en este punto hasta curioso. Muestra la creatividad y el ingenio de estas cuatro personas. Viendo la gran multitud de gente frente a la entrada de la casa, que por tanto está bloqueada, buscan otro camino. No se dan por vencidos ante el primer obstáculo, no se desaniman ante la dificultad, no caen en el pesimismo, sino que sacan a relucir toda su imaginación. Son ingeniosos y no tienen miedo de exponerse al ridículo ante los demás, más aún, ignoran los posibles comentarios sobre ellos.

Aquí no se nos dice nada del paralítico, pero podemos imaginar que estaría de acuerdo, al menos en alguna medida, con esta opción de los amigos. Ciertamente quería encontrarse con Jesús para sanar, quién sabe si no sugirió él mismo a sus cuatro amigos: «Inventad algo, ¡aunque sea abrid el techo!». En todo caso, Jesús admira la fe de estos cuatro amigos. Esto significa que la fe no es un vestido polvoriento que de vez en cuando tenemos que sacar del armario, sino que es algo que tiene que ver con la creatividad, con el movimiento de la imaginación y la inventiva. Si nos fijamos en esta inventiva de los cuatro amigos del paralítico, podemos decir que la fe no es algo estático, sino un exponerse, intentar, arriesgar, incluso con una pizca de locura: si no te arriesgas un poco, no puede ocurrir ninguna transformación en tu vida.

Observando el techo descubierto, podemos también dejarnos inspirar por algo extraordinariamente sugerente: para poder permitir que nuestra vida sea transformada debemos llevar a Jesús nuestra parálisis; pero, para llevar a Jesús nuestra parálisis, debemos «levantar la techumbre» de nuestra vida. Eso significa que, si deseamos una transformación de algún aspecto nuestro, de algo de nuestra vida o de nuestras relaciones, el primer paso que hay que dar es no negar nuestra parálisis, no camuflar nuestra dificultad, no enmascarar la fragilidad, no disfrazar de ninguna manera cuanto llevamos dentro. Debemos llevar a Dios todo de nosotros, en la verdad. La transformación ocurre cuando tenemos el coraje de enfrentar la verdad sobre nosotros mismos; cuando descubrimos una apertura en esa situación o en ese aspecto que hasta ayer era un techo impenetrablemente cerrado; cuando tenemos el coraje de «bajarnos» desde lo alto de nuestra aparente tranquilidad, hasta el punto más bajo que son los pies de Jesús.

Para experimentar una transformación hay que descubrir el corazón y el alma, sacarlo todo, aclarar las cosas, practicar la verdad con nosotros mismos. Si hago trampa, si me escondo, si uso una máscara, si me atrinchero detrás de mis coartadas o mis justificaciones, quedo paralizado. Hay finalmente otro significado: a veces, para la transformación de nuestras vidas, no es suficiente un compromiso «horizontal»; no conseguimos entrar normalmente por la puerta, se nos impide la entrada por un obstáculo superior a nuestras fuerzas. Tenemos que hacer un agujero desde arriba. Es decir, apelar a la gracia que viene de Dios. Al Espíritu Santo.

Finalmente, el evangelio nos muestra la actitud de Jesús, que interviene de manera extraña en cuanto que, en un primer momento, en lugar de liberar el cuerpo de aquel hombre paralítico, le anuncia la remisión de los pecados; en lugar de decir «yo te curo», dice «yo te perdono». Naturalmente aquí está implícita una polémica del evangelista Marcos hacia las autoridades religiosas, que pensaban que una enfermedad física como aquella dependía del pecado y, por tanto, era un castigo de Dios. Dando la vuelta a esta imagen de Dios tan cruel, Jesús afirma: «Tus pecados te son perdonados», tú eres un perdonado, estás libre del pecado, aunque estés paralizado.

En resumen, Jesús no pretende realizar la curación física, sino decir que este hombre –aunque físicamente esté paralizado– es amado por Dios y no castigado o rechazado. Pero desde dentro de esta polémica religiosa, surge para nosotros otro significado: la verdadera parálisis que bloquea nuestra vida no es la del cuerpo, sino la interior. Lo que me paraliza, es decir, me impide moverme, cambiar, transformarme, a menudo tiene que ver con mis miedos, mis ansiedades, la falta de coraje, la pérdida de libertad o incluso simplemente el haberme acomodado en mi confort.

Por tanto, aun rechazando la idea de que este hombre esté paralizado por un castigo de Dios, Jesús nos dice que la verdadera parálisis, que impide cualquier transformación, es el pecado: paraliza las relaciones, las opciones, la libertad y, finalmente, nos quita la alegría. El perdón de Jesús, entonces, se vuelve como un golpe de remo en un barco inmóvil, un viento que empuja las velas de mi vida. Suscita en mí una transformación.

Al final, Jesús realiza también el milagro físico para responder a la dureza y a la incredulidad de las autoridades religiosas: ellos son los verdaderos paralíticos que no se ablandan ante Dios. Ellos no quieren ser transformados por Jesús y, por tanto, permanecen paralizados.

Y las palabras de Jesús nos hacen comprender el poder de este milagro. Jesús le dice ante todo a este hombre: «Levántate», que es el verbo de la resurrección. Es una invitación a resucitar, porque quien sigue paralizado, quien no se mueve, quien no decide, quien no cambia, en realidad ya está muerto.

Luego lo invita a tomar su camilla y uno se pregunta por qué una invitación tan extraña, ya que una vez que la parálisis desaparece, la camilla no se necesita. Y, en cambio, es una advertencia extraordinaria: te recuerda la parálisis que te ha tenido atado. Ser transformados no significa convertirse en otra persona, casi expulsando de golpe los aspectos y rasgos que me pertenecían, engañándome pensando que podía cerrar así las cuentas de mi vida pasada. En realidad, después de la curación quedan también heridas y cicatrices y son un testimonio importante, tanto de la transformación que ha tenido lugar como de lo que nos tiene atrapados y corre el riesgo de hacernos daño. Transformación significa: las cosas cambian, pero yo soy siempre el mismo. La oruga se convierte en mariposa, pero nunca será un elefante. Si me curo de la parálisis, hoy podré estar en pie por mi cuenta, mañana podré dar algunos pasos más, pero tal vez nunca seré un campeón de atletismo. Y, entonces, hacer memoria de la parálisis redimida y sanada me da el sentido auténtico y humilde de mi situación; la herida, hoy curada, me recuerda qué es lo que ha bloqueado mi vida y cuál es el ámbito, la dimensión, el aspecto en el que soy más vulnerable, más expuesto, más frágil: es un «lugar» de mi vida que requiere más prudencia, mayor atención, más delicadeza.

Cuando el Señor nos sana, nos dice también: toma bajo el brazo tu fragilidad, tu miedo, tu culpa, tu defecto, tu vicio, y llévalo siempre contigo. Así no te olvidarás.

Miremos sin miedo y sin vergüenza nuestras parálisis. Descubramos el techo impenetrable de nuestras ficciones, de las apariencias y del orgullo. Intentemos llevar nuestras parálisis a Dios, también con la ayuda de quien está cerca de nosotros: lo que nos impide caminar con libertad, ser ágiles, ser verdaderamente nosotros mismos, experimentar el amor con los demás. Tal vez son cosas pequeñas, pero nos atan.

Por eso, hoy y siempre, necesitamos ser transformados.

Inquietud

Es conocida la frase con la que don Abundio, en la famosa novela de Alessandro Manzoni, *Los novios,* se atrinchera tras su temerosa decisión: «El coraje, si uno no lo tiene no se lo puede dar». En boca del cura, la expresión justifica y oculta el miedo ante el poder establecido y manifiesta esa «neutralidad» que, tras la apariencia de una vida tranquila y de una «paz que hay que mantener», tiene el riesgo de ser una de las artes más anticristianas: en efecto, alimenta la actitud de quien no toma posición, no toma partido, nunca se compromete para flotar siempre. Y, así, alimenta las injusticias y las oscuridades del mundo.

¿Qué es lo peor que nos puede pasar en la vida? La respuesta a esta pregunta, dependiendo de nuestras percepciones internas, podría ser muy variada. Y, sin embargo, si hay una enfermedad del alma que, quizás más que otras, corre el riesgo de gastar las mejores energías de nuestra vida, apagando el entusiasmo, matando los sueños, entregándonos a la prisión de la monotonía, es la ausencia de inquietud. Es la inquietud lo que nos pone en movimiento y, especialmente ante las numerosas laceraciones y heridas de nuestra sociedad, nos hace sentir una sensación de malestar, una protesta del alma, una «ira santa» que nos mueve y nos empuja a actuar. Esto sucede incluso con los aspectos más personales e íntimos de nuestra vida: sin inquietud dejamos de ver lo que fluye dentro de nosotros, nos rendimos al flujo de las cosas, nos acomodamos en la rutina.

Estamos vivos solo porque estamos inquietos, porque caminamos con el mentón y el corazón predispuesto hacia lo que aún no conocemos, porque a la tranquilidad de las certezas adquiridas preferimos el riesgo de las preguntas. Solo cuando somos arrastrados y empujados por nuestros deseos más profundos, y detrás de ellos, nos ponemos en camino, solo entonces vivimos de verdad. Inquietos, abiertos, soñadores, así hemos sido creados: imagen del infinito, con un ansia de vivir dentro del corazón. Si este fuego se apaga, nos convertimos en cenizas. Porque somos exploradores nunca satisfechos, viajeros jamás cansados, buscadores hambrientos. Viajeros nunca en paz con nosotros mismos, con los ojos apuntando hacia arriba y hacia el más allá.

Y por esta inquietud, a menudo atravesamos en nuestra vida las borrascas de las crisis, que nacen del choque violento entre lo que queremos ser y lo que realmente somos, del descarte entre lo que soñamos y la realidad, que muchas veces nos devuelve a la tierra de forma violenta.

La ausencia de inquietud, que nos sugiere conformarnos y arrastrar la vida, ciertamente nos evita el dolor de la crisis. Pero, como afirma la escritora francesa Christiane Singer, las crisis llegan para evitarnos lo peor, es decir, una vida sin pasión y sin naufragios, que permanece en la superficie y flota en los pantanos de la superficialidad. De hecho, sin crisis no hay desafíos. La vida se convierte en una rutina cansada o en una larga agonía de la normalidad, sin brisas, sin estremecimientos, sin dudas.

Cuando somos capaces de dejarnos horadar por las preguntas, de no sentirnos nunca satisfechos, de no cerrarnos en la presunción de haber llegado y haberlo visto ya todo, de dejarnos cuestionar por la vida sin dejar nunca de buscar, entonces nuestra vida podrá llamarse verdaderamente vida. Se trata de escuchar el propio deseo, que es el sentimiento intenso de la carencia: lo que nos impulsa a ir más allá de nosotros mismos precisamente porque nos hace sentir que nos falta algo importante. Una falta nunca satisfecha del todo, una tensión abierta, una herida punzante, una sed que no se apaga.

No es fácil estar inquietos y permanecer despiertos, especialmente en nuestra sociedad de consumo, donde todo parece haber sido creado a propósito para satisfacer inmediatamente los deseos, relacionándolos con algo tangible, que se puede aprovechar aquí y ahora, que se puede usar y tirar. Nada peor le puede suceder a nuestra vida si, secuestrados y seducidos por el consumismo, intentamos tapar el agujero de nuestra hambre de vida y la sed que llevamos en el corazón, con la acumulación de objetos, con la búsqueda obsesiva de productos, con la carrera por la diversión. Se trata de una trampa mortal, que atrofia el deseo: pensar que podemos sentirnos llenos estrechando algo entre las manos o satisfaciendo la vista de nuestros ojos con algún centelleo que, puntualmente, se nos hace valorar como un antídoto contra la infelicidad. De objeto en objeto, siempre consumiendo nuevas experiencias, siempre buscando nuevas emociones, persiguiendo siempre el nuevo producto de moda, usando y tirando, matamos el deseo y apagamos las verdaderas inquietudes.

En su espléndido libro *La intranquilidad,* la escritora Marion Muller-Colard, ganadora del Premio Espiritualidad francesa 2017, afirma:

Siempre hemos sabido que la inquietud es un hecho incontrovertible de nuestras vidas y por eso buscamos productos, dioses, mantras, artilugios, entretenimientos que nos mantengan lejos de esta contingencia. Se me ocurre decir que no existe peor inquieto que el que se ocupa de escapar de la propia inquietud. A los tranquilizantes prefiero los inquietos. Perturbados, perturbadores... me gusta su exigencia, su insatisfacción, el puño de la manga con el que barren toda banalidad que corre el riesgo de infectar y socavar su vigilancia.

Y añade: «Si, después, hay otro texto que, en mi opinión merecería titularse "Libro de la inquietud", este es el evangelio».

Las preguntas que nos hacen mella

No es casualidad que el evangelio, en vez de ser un libro de respuestas y soluciones fáciles, se presenta como un libro lleno de preguntas, que interrogan, hacen mella y perturban.

De esta forma, el evangelio nos dice que la fe es una relación viva con un Dios que vive dentro de las fatigas de la vida cotidiana, las expectativas del corazón, las preguntas y dudas que nos invaden, los esfuerzos, los proyectos y las alegrías que construimos y –como afirma el Papa Francisco– no es un anestésico del alma y de las pasiones. El evangelio nos dice que en el campo de nuestra vida las preguntas son más importantes que las respuestas y que mucho depende de saber hacernos las preguntas correctas, sin atajos.

Esta es la inquietud a la que la fe cristiana quiere llevarnos: no esa que a veces nos asalta, apretando un nudo en la garganta y quitándonos la respiración por haber estado determinada por algún obstáculo o dificultad, sino esa inquietud que nos devuelve a nosotros mismos, nos recuerda que estamos hechos para lo infinito, nos abre los ojos a los horizontes ilimitados que Dios sueña para nosotros, nos hace sentir también la herida por la distancia entre la utopía de lo posible y la realidad a veces severa que estamos viviendo.

Para alimentar esta inquietud y no perder la pasión por la vida, las preguntas son importantes y necesarias. Son también peligrosas: abren brechas, ponen en crisis, te devuelven a tu interior, te empujan más allá. Sobre todo, abren caminos de los que después no se puede volver atrás. Las preguntas, las verdaderas preguntas, no se conforman con respuestas fáciles, sino que se quedan en interrogantes plantados en el corazón y no nos dejan como antes.

Jesús hace 217 preguntas. Ludwig Monti ha dedicado a ellas un hermoso libro titulado precisamente *Las preguntas de Jesús*. A través de las preguntas, Jesús apela a la libertad y a la imaginación de sus interlocutores: no se impone, no define, no aplasta, sino que se presenta como razón para seguir, anima el camino de búsqueda, nos remite a la desnuda verdad de nosotros mismos, nos invita a ahondar en el conjunto de riquezas de la realidad, para no reducir nuestra visión solo a lo que sentimos en el momento o a eso de lo que otros quisieran convencernos. Al hacer preguntas, Jesús ilumina el corazón del que escucha, amplía los horizontes estrechos, desplaza, provoca cambios de rumbo, nos obliga a mirar dentro de nuestro deseo más profundo.

No es casualidad que el evangelista Juan comience su evangelio contándonos que el encuentro de los primeros discípulos con Jesús está modelado a base de preguntas. La primera palabra de Jesús es una pregunta: ¿Qué buscáis? Es como si les preguntara: ¿Cuál es vuestro deseo más profundo? ¿Qué os motiva, qué os apasiona, con qué soñáis? Preguntas que implican otras muchas. Como afirma Ludwig Monti, aquí está el camino de toda la vida: «Dónde buscar, habitar, ir, ver, llorar».

Es hermoso ver la fe cristiana en esta perspectiva: no una paz soñolienta, una espiritualidad que anestesia, un humo que aturde para nublar la pasión y apagar dentro de nosotros los temores de la vida, sino, al contrario, un pequeño fuego encendido que nos quema por dentro y nos hace estar inquietos: hacia nosotros mismos y hacia la búsqueda de nuestra verdad, hacia otros por el deseo de amarlos y servir a su felicidad, hacia la sociedad para luchar contra todo lo que degrada la belleza de la creación y hiere la dignidad de las personas. Inquietos siempre, con esta sana inquietud que nos hace salir de nosotros mismos y pone en circulación todas las potencialidades de nuestra vida.

Muchas veces el Papa Francisco nos ha invitado a estar vigilantes, para que nuestra fe, nuestro cristianismo y nuestros gestos religiosos no sean solo la respuesta a una necesidad de tranquilidad interior, a una falsa paz de la conciencia que nos ahoga y no deja que el evangelio nos incomode y nos provoque.

Él nos ha invitado muchas veces a redescubrir que estamos entretejidos con las telas de la inquietud, que llevamos dentro «la inquietud de encontrar la plenitud, la inquietud de encontrar a Dios, muchas veces incluso sin saber que tenemos esta inquietud», que el camino de la fe, como lo fue para los Magos, «comienza cuando, con la gracia de Dios, hacemos espacio a la inquietud que nos tiene despiertos; cuando nos dejamos cuestionar, cuando no nos conformamos con la tranquilidad de nuestras costumbres, sino que nos involucramos en los desafíos cotidianos; cuando dejamos de mantenernos en un espacio neutral y decidimos habitar los espacios incómodos de la vida, hechos de relaciones con los demás, de sorpresas, de imprevistos, de proyectos que llevar adelante, de sueños que realizar, de miedos que afrontar, de sufrimientos que hacen mella en la carne.

En esos momentos, surgen de nuestros corazones esas preguntas irreprimibles, que nos abren a la búsqueda de Dios: ¿Dónde está para mí la felicidad? ¿Dónde está la vida plena a la que aspiro?

Solo está vivo quien se deja interrogar por estas preguntas. El mismo Jesús nos lo plantea en el evangelio, para que el corazón no se adormezca y nuestro caminar no se detenga.

Los primeros discípulos (Jn 1,35-51)

El evangelio de Juan comienza con una pregunta de Jesús. Él se volvió y al ver que algunos lo seguían, plantea una pregunta fundamental. Es interesante notar que, como en otros pasajes del evangelio, son dos los discípulos que siguen a Jesús, pero solo de uno se refiere el nombre, Andrés. El otro no tiene nombre porque somos cada uno de nosotros. Somos nosotros, inquietos buscadores de Dios y de nosotros mismos. Y el pasaje no especifica nada más: no se sabe bien el lugar donde acaece el encuentro, no se sabe de dónde viene Jesús ni hacia dónde va.

Eso significa que para ponerse a la búsqueda –de Dios y de nosotros mismos– no hace falta esperar a tener todo claro de inmediato, tener un plano definido, todo bien establecido y organizado. Más bien, se trata de adentrarse en una aventura, de despojarse de las ideas, de las convicciones y certezas arraigadas en nosotros, de dejarnos desestabilizar. De estar, precisamente, inquietos.

La pregunta de Jesús es el corazón de este pasaje evangélico. Es la primera vez que Jesús habla y la primera palabra que dice no es una enseñanza, una doctrina, una ley que hay que seguir, sino una pregunta, quizás la pregunta más importante de todas: «¿Qué buscáis?» (Jn 1,38). Ermes Ronchi, predicando los Ejercicios al Papa y a la Curia romana, propuso una serie de meditaciones solo sobre las cuestiones del evangelio, afirmando: «Antes de buscar las respuestas, tenemos que amar las preguntas».

Dios es ante todo una pregunta que quiere hacer mella dentro de ti, que te llama a algo, que te invita a emprender un camino, a cuestionarte, a dejar de lado ciertas rigideces o certezas. Y, sobre todo, que intenta volver a llevarte a tu deseo profundo, más allá de la vorágine de las prisas, los ruidos y de una vida vivida a menudo en la superficie. Con frecuencia, nosotros tenemos una definición para todo, ya lo tenemos todo controlado y juzgado; también como Iglesia corremos siempre el riesgo de tener ese enfoque que lo define todo anticipadamente y exige claridad. Jesús, en cambio, comienza con una pregunta que quiere apelar a nuestra imaginación interior, a nuestro deseo, a las esperanzas que cultivamos. ¿Qué buscáis? ¿Qué estás buscando de verdad en tu vida en este momento? ¿Qué deseas en lo profundo? ¿Qué relaciones buscas? ¿Qué sociedad sueñas? ¿Qué mundo quieres construir?

La invitación de Jesús tras la respuesta de los discípulos es igualmente significativa: «Venid y veréis» (Jn 1,39). Lo que el Señor nos pide es no quedarnos quietos. No abordar las situaciones con reflexiones que giran en torno a nosotros mismos. No llegar al final aun antes de interrogarnos. Más bien, estar inquietos, ponernos en camino, interrogar al corazón. Dialogar con Dios, con los demás, con los amigos, con los que no piensan como yo. Entonces el Espíritu Santo nos sugerirá lo que sea necesario.

Don Primo Mazzolari afirma que «las páginas más hermosas de la historia han sido escritas por almas inquietas». Y si los apóstoles escribieron la primera gran página de la Comunidad cristiana es sobre todo porque fueron buscadores inquietos de Jesús. Es indicativo, a este propósito, el itinerario trazado por los verbos de esta página del evangelio: *ir, ver, permanecer*. Primero *ir*, es decir, dejar de ser estáticos, salir del inmovilismo, ponerse en camino ofreciendo ciudadanía a las inquietudes que llevamos en el corazón; después *ver*, que es ante todo hacer experiencia, abrir los ojos a lo que nos llega, vivir el encuentro con nosotros mismos, con los demás y con Dios; solo después *permanecer*, es decir, pararse y disfrutar.

Quiero elogiar la inquietud con las palabras –como siempre cálidas, afectuosas y poéticas– que don Tonino Bello dirigió a algunos muchachos de Molfetta:

Si vosotros perseguís esa necesidad de felicidad que sentís en vuestro corazón, no vayáis a saciarlo a fuentes, a cisternas agrietadas o fuentes contaminadas, a barricas cuyo vino se ha convertido ya en vinagre... porque una cosa une a todos, creyentes y no creyentes, los ateos y los santos, las monjas de clausura que se levantan a orar en el corazón de la noche y los que en el corazón de la noche cometen robos a mano armada... hay una cosa que todos tenemos en común, el obispo y vosotros, un adolescente y una mujer anciana... todos... la profunda necesidad de felicidad. Porque todos tenemos una necesidad increíble de felicidad y experimentamos también que no hay nada capaz de satisfacernos, no hay nada que nos satisfaga plenamente... Experimentamos ciertamente, creyentes y no creyentes, la verdad de las palabras que decía san Agustín, también él buscando ansiosamente girones, fragmentos de felicidad que pudieran llenarle el corazón... En las *Confesiones* escribe así: «Oh Dios, nos has hecho para ti y nuestro corazón está inquieto hasta que no descanse en ti»... Nuestro corazón está inquieto: tenemos una inquietud profunda. Nos une esta necesidad de felicidad, lo sentimos todos... solo que hay quien satisface este deseo de felicidad bebiendo de fuentes contaminadas, y hay quien lo apaga bebiendo de fuentes más puras, más libres. Quien se sumerge en el alcohol, quien se sumerge en las drogas, quien se sumerge en el placer, quien persigue sueños de grandeza, quien se deja fascinar por el mito de la belleza, hasta el punto de desesperarse, por ejemplo, por tener el pelo rizado en lugar de liso, largo en lugar de corto...

¡Tú vas en busca de algo bien distinto, nada te satisface! Hay algo que supera las satisfacciones momentáneas...

Y concluía así: «Jugad bien la vida. La vida es diferente al sueño. La vida va más allá de la quietud».

Como afirma el escritor Julien Green: «Mientras estemos inquietos, podemos estar tranquilos».

Para... comenzar de nuevo

Volver a empezar es el gesto primordial y perenne de Dios: ante la historia humana, incluso cuando parecerían perdidas todas las posibilidades, Dios siempre comienza de nuevo. En el corazón del acontecimiento cristiano está un nuevo comienzo: la resurrección de Jesús, que rompe las ataduras de la muerte y decreta definitivamente el fin de su poder; es un nuevo comienzo que cambia para siempre la trayectoria de la historia y la dirección de nuestra vida: de ahora en adelante ya no existe el fin. Es más, el fin ya se ha cumplido y es siempre un nuevo comienzo. Dentro de cada muerte de nuestra vida diaria, cada hilo roto, cada crisis, cada fracaso que parece marcar el final, se esconde en realidad el verdor de una nueva hoja que crece y el esplendor de una nueva yema que brota. Dentro de cada muerte está la vida y todo lo que nos pueda parecer un final no es más que una nueva forma de empezar de nuevo. Un nuevo comienzo.

Si miramos de cerca lo que pasó en la mañana de Pascua, más que ser bloqueados por un acontecimiento extraordinario, estamos invitados a contemplar el vacío. Cuando llegan las mujeres al sepulcro, de hecho, la piedra ha sido removida y la tumba está vacía. Por extraño que parezca, es el vacío lo que afirma la vida; allí donde nosotros, en cambio, seguimos creyendo que para vivir tenemos que llenarnos de cosas.

Aquellas mujeres estaban convencidas de encontrar el cuerpo de Jesús; por tanto, una tumba «habitada»; pero si hubiera sido así, aun disfrutando por un momento el poder tocarlo de nuevo, se habrían hundido en una tristeza definitiva, porque habrían visto con sus propios ojos que el Señor estaba realmente muerto y no habría habido nada que hacer. El sepulcro vacío, en cambio, les priva del encuentro con Jesús, pero, paradójicamente, se convierte en signo maravilloso de que está por comenzar algo nuevo: él no está allí, significa que está vivo, que ha vencido a la muerte, que hay que buscarlo en otra parte, que se encontrarán sus huellas entre los vivos. La historia no está cerrada y lo que parecía un final es más bien un nuevo comienzo.

Michel de Certeau, con su fuerte sensibilidad mística, ha señalado precisamente en el sepulcro vacío el código fundamental de la fe cristiana: se trata, en efecto, de una ausencia que en realidad es una forma de presencia, en cuanto el sepulcro vacío obliga a buscar a Jesús entre los vivos y en los lugares de la vida. Esa ausencia nos dice que siempre es posible volver a empezar, más allá de toda muerte, porque Jesús está vivo.

El sepulcro vacío indica una infinita posibilidad: si Dios no está aquí, está en otra parte y está en todas partes. Si no lo encuentro donde creo que está, tal vez se deje encontrar en una situación para mí inesperada e imprevista. Si hoy no está y no lo siento, tal vez me está abriendo un camino para el mañana. Así es también para las otras situaciones de la vida: lo que hoy me parece perdido y ausente, tal vez pueda encontrarlo en algún otro lugar. Lo que hoy es estéril, mañana puede brotar. Lo que hoy me parece vacío como el sepulcro, tal vez me prepara a algo para mañana.

Pero para tomar por el brazo la vida según esta perspectiva, necesitamos cultivar en nosotros el arte de volver a empezar. Caminar eligiendo la región de los riesgos y procediendo hacia nuevos comienzos, especialmente cuando las cosas de nuestra vida no van como quisiéramos. Salir de la tentación de lo que el Papa Francisco llama «la psicología de la tumba», esa tristeza dulzona que apaga el entusiasmo y nos entrega a la nada. Vencer nuestro conservadurismo y la resistencia al cambio. Bendecir también nuestras pérdidas y nuestras derrotas, porque muchas veces son esas experiencias de «vacío» las que después despejan el campo de nuestra vida y lo hacen disponible para un nuevo comienzo.

Comenzar de nuevo es posible, en los pliegues ocultos de nuestra vida personal y familiar, así como en las luchas y fracturas de nuestras ciudades y de nuestra sociedad. Comenzar de nuevo con buenas palabras, inspiradas en pensamientos positivos y capaces de generar gestos, signos y opciones plenamente humanos y proféticamente evangélicos. Recordando que es Dios mismo el principio de todo nuestro volver a empezar. Porque, como afirma Carlo Maria Martini:

Dios se asoma, pierde el equilibrio, se compromete, se pone de nuestra parte, por eso también nosotros estamos llamados a exponernos. La vida humana es riesgo. También nuestra vida es un exponerse, es un arriesgar, un ir más allá del límite. Quien quiere quedarse siempre en el límite seguro nunca sale de sí mismo... es como el grano de trigo que no muere y se queda solo.

Nunca es demasiado tarde. La vida, de hecho, siempre vuelve a empezar.

Índice

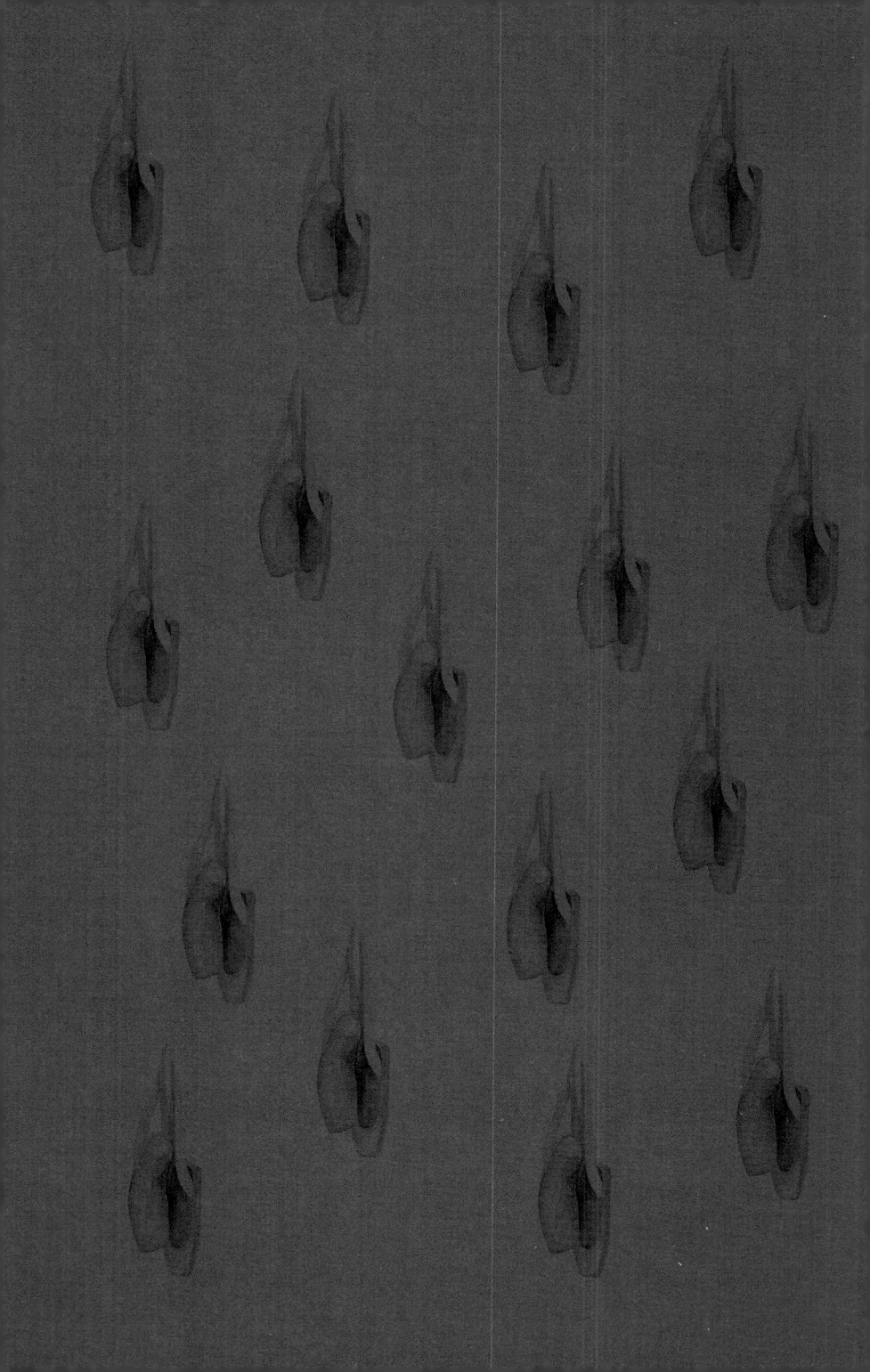